Insel Norderney

Reise Know-How im Internet

Aktuelle Reisetipps und Neuigkeiten
Ergänzungen nach Redaktionsschluss
Büchershop und Sonderangebote

www.reise-know-how.de
info@reise-know-how.de

Wir freuen uns über Anregung und Kritik.

Roland Hanewald

Insel
Norderney

„Die See war mein einziger Umgang –
und ich habe nie einen besseren gehabt."
Heinrich Heine (1826 auf Norderney)

Impressum

Roland Hanewald
Insel Norderney
erschienen im
Reise Know-How Verlag Peter Rump GmbH
Osnabrücker Str. 79, 33649 Bielefeld

4., komplett aktualisierte Auflage 2007

Gestaltung
Umschlagkonzept: C. Blind, P. Rump
Inhalt: Günther Pawlak (Konzept), Kordula Röckenhaus (Realisierung)
Karten: der Verlag
Fotos: Roland Hanewald
Titelfoto: Roland Hanewald

Lektorat (Aktualisierung): der Verlag

Druck und Bindung: Media Print, Paderborn

ISBN-10: 3-8317-1532-7
ISBN-13: 978-3-8317-1532-9
Printed in Germany

Dieses Buch ist erhältlich in jeder Buchhandlung Deutschlands, der Schweiz, Österreichs, Belgiens und der Niederlande. Bitte informieren Sie Ihren Buchhändler über folgende Bezugsadressen:

Deutschland
Prolit GmbH, Postfach 9, D-35461 Fernwald (Annerod)
sowie alle Barsortimente
Schweiz
AVA-buch 2000, Postfach, CH-8910 Affoltern
Österreich
Mohr Morawa Buchvertrieb GmbH, Sulzengasse 2, A-1230 Wien
Niederlande, Belgien
Willems Adventure, Postbus 403, NL-3140 AK Maassluis

Wer im Buchhandel trotzdem kein Glück hat, bekommt unsere Bücher auch direkt über den **Büchershop im Internet:**
www.reise-know-how.de

Wir freuen uns über Kritik, Kommentare und Verbesserungsvorschläge.
Alle Informationen in diesem Buch sind vom Autor mit größter Sorgfalt gesammelt und vom Lektorat des Verlages gewissenhaft bearbeitet und überprüft worden. Da inhaltliche und sachliche Fehler nicht ausgeschlossen werden können, erklärt der Verlag, dass alle Angaben im Sinne der Produkthaftung ohne Garantie erfolgen und dass Verlag wie Autor keinerlei Verantwortung und Haftung für inhaltliche und sachliche Fehler übernehmen. Die Nennung von Firmen und ihren Produkten und ihre Reihenfolge sind als Beispiel ohne Wertung gegenüber anderen anzusehen. Qualitäts- und Quantitätsangaben sind rein subjektive Einschätzungen des Autors und dienen keinesfalls der Bewerbung von Firmen oder Produkten.

Inhalt

Kartenverzeichnis

Vorwort

Noch ein Buch über Norderney!

Diesen Ausruf hörte ich mitunter auf der Insel, als ich sie für meine Recherchen bereiste. Aber sooo viel Norderney-Literatur gibt es gar nicht. Und manches Buch wird für den zukünftigen Inselgast von geringem Interesse sein, es sei denn, er oder sie kann sich für die insulare Spinnenfauna oder den „Blütenbesuch durch aculeate Hymenopteren im Vordünenbereich von Norderney" (gibt's tatsächlich) begeistern. Auch hat man bereits jedes Sandkorn am Inselstrand akribisch vermessen und sorgfältig darüber Buch geführt, von „Grobsand" (0,6-2 mm) bis hinab zu „Schluff", der kaum noch zu fassen ist. Kann man ein quirliges „Nordseeheilbad" – so der offizielle Titel der Insel – überhaupt noch in Buchform beschreiben und dabei etwas Neues mitteilen?

Ich denke schon. Auf einer Insel ist alles im Fluss. Jeder Sonnenauf- und -untergang sieht anders aus, jede Welle unterscheidet sich von der nächsten, keine Wolkenstimmung wiederholt sich. Und was für Stimmungsbilder bietet der Nordseestrand! Darüber allein könnte man ganze Bände verfassen ... Die Farben! Im Wortsinn stellen sie das Grau-in-Grau-Klischee von der Küste in den Schatten. Früher griffen die Inselreisenden zur Palette, um den „hohen Himmel" und die von allen Seiten einfallende Lichtflut wiederzugeben. Heute kann jeder, der ein wenig mit der Kamera umzugehen versteht und ein Auge für Motive hat, auf Norderney Bilder schießen, die einem Fotoband zur Zierde gereichen würden.

Diverse prominente (und andere) Besucher erlagen schon im 19. Jahrhundert dem herben Charme der „Königin der Nordsee", wie sich Norderney (in Konkurrenz zu Sylt) auch nennt. Hier und da hatten sie etwas zu meckern – und unterschieden sich insofern um keinen Deut vom heutigen Inselgast. Doch unterm Strich äußerten sie sich alle sehr zufrieden mit den Verhältnissen. So möge es bleiben. Das inflationäre Anspruchsdenken der heutigen Zeit verlangt zwar immer Neues, Größeres, nie Dagewesenes. Aber ist alles Neue, zumal Menschengemachtes, unbedingt besser? Theodor Storms „einsames Vogelgerufe" wird auch weiterhin auf Norderney und den anderen deutschen Nordseeinseln den Ton angeben müssen. Wer „überladene" statt herb-karge Landschaften schätzt, gleich ob städtisch oder rustikal, muss sich an andere Küstenstriche bemühen – und eventuell Lärm und Schmutz dabei in Kauf nehmen – oder von vornherein daheim bleiben.

Roland Hanewald

Exkurse

Allgemeine
Reisetipps

Anreise

Überfahrt mit der Fähre

Fahrplan

Der Norderney-Fahrplan ist (im Gegensatz zu jenem von Juist) **von den Gezeiten unabhängig** und wird auch weitgehend minutiös eingehalten.

Generell kann man sich merken, dass die Fähren im **Sommer** von frühmorgens bis spätabends ungefähr in stündlichem Turnus 13–14-mal täglich pendeln.

In der **Nebensaison** und im **Winter** sind die Abfahrten naturgemäß weniger zahlreich. Wer während der Tagesstunden ein Schiff verpasst, kann aber immer sicher sein, schon bald das nächste zu erreichen, da es auch dann mindestens 9 Touren täglich gibt.

Zu bedenken ist, dass es gerade im Winter durch wetterbedingte höhere Gewalt zu Änderungen des Fahrplans kommen kann. Bei **stürmischer Wetterlage** baue man immer eine Zeitreserve in die Reiseplanung ein.

Tarife in Euro

Personen	
- Rückfahrkarte (2 Monate gültig)	14,50 €
- Kinder unter 12 Jahre	7,30 €
- unter 4 Jahre	gratis
Gepäck	
- größeres Gepäck (einf. Fahrt), je Stück	2,50 €
Hund (Hin- und Rückfahrt)	3 €
Fahrzeuge (jeweils Hin- und Rückfahrt)	
- Pkw	60–78 €
- Wohnwagen bis 5 m	78 €
- Fahrrad, Moped, Fahrradanhänger, kleiner Handwagen	5,50 €
- Motorrad, Windsurfausrüstung	13 €

Platzreservierungen für Pkw lassen sich nur in Richtung Norderney-Norddeich tätigen. Nutzfahrzeuge sind grundsätzlich in beiden Richtungen anzumelden.

Info

- Man mache sich vor der Anreise bei der Reederei *Frisia* kundig: Tel. 04932-913-0, Fax 9131310, www.reederei-frisia.de.

An Bord

Die **Fahrzeit** beträgt eine knappe Stunde.

Aus gegebenem Anlass sei hier erwähnt, dass während dieser Stunde das **Rauchen auf dem Oberdeck nicht gestattet** ist. Dahinter steckt keine Schikane. Ganz nüchterne Fakten diktieren dieses Verbot: Erstens nämlich zischen über Bord geschnickte Kippen keineswegs immer erlöschend in die Nordsee, sondern suchen sich im wirbelnden Fahrtwind ganz andere Landeplätze – offene Autofenster zum Beispiel. Zweitens wird Zigarettenrauch von vielen Menschen, vornehmlich jenen, die der guten Nordseeluft wegen auf Inselreise gehen, als störend empfunden. Und drittens liebt die Mehrzahl der Mitpassagiere keine Asche im Auge und keine Brandflecken auf der Bekleidung. Aber rechte RaucherInnen und sich erwachsen gebende Nikotinager beeindrucken solche Argumente, wie die Praxis zeigt, nicht besonders ...

Anreise per Auto

Mit Auto auf die Insel?

Norderney ist (im Gegensatz zu den anderen „Ostfriesinnen“ mit Ausnahme von Borkum) „Autoinsel“. Das heißt, man kann sein Fahrzeug dorthin mitnehmen. Vor Ort erwarten den Automobilisten allerdings sehr beengte Verhältnisse und zahlreiche **Einschränkungen und Fahrverbote** in den Sperrzonen (siehe Insel-Info, Fortbewegung).

Vorerst stelle man sich jedoch die Frage, weshalb überhaupt man auf einer Insel motorisiert anrollen sollte und zähle die möglichen **Gründe für die Mitnahme des Autos** auf.

Man/frau:
- ist Invalide (oder fühlt sich so)
- kann auch im Urlaub nicht der Chauffeur- und Tankwart-Existenz entsagen
- vermag sich nie von seinem besten Stück zu trennen

Auf der Fähre

- benötigt einen Gepäckwagen
- sieht in seinem Auto ein unverzichtbares Prestige- und Vorzeigeobjekt

Zu viele Autos auf Norderney

Dass es auf Norderney nicht nur Autos gibt, sondern *zu viele* von ihnen, riecht man schon auf dem Fährpier. Wenn man einige Zeit die klare Nordseeluft inhaliert hat und die durch die **Abgase** von 50 Millionen Festlandautos schon fast gelähmten Atemorgane wieder normal zu arbeiten beginnen, zieht man unwillkürlich die Nase bei jedem vorbeifahrenden Fahrzeug kraus und merkt, womöglich erstmals im Leben: Sie möffeln *alle,* die dicken und teuren nicht ausgenommen. Vielleicht setzt dieses Erlebnis Denkprozesse in Bewegung, ob sich etwas dagegen unternehmen ließe. Man muss allerdings *selbst* den Anfang machen, darf nicht immer nur auf den anderen warten.

Parken in Norddeich

Der insgesamt 2000 Autos fassende Komplex der **Frisia-Garagen** liegt unfern des Anlegers (siehe Hafenplan) und ist ganzjährig in Betrieb. Die täglichen **Öffnungszeiten** sind auf die Schiffsfahrpläne abgestimmt.

- **Tarife** für die Frisia-Großgaragen Norddeich (pro angefangenem Tag für PKW):
Parkplatz: 3,50 €
Box: 4,50 €

Bei Einfahrt in die Garagen wird ein **Parkschein** gezogen. Ein markierter Abschnitt ist abzutrennen und gut sichtbar hinter die Windschutzscheibe zu legen. Bezahlt wird (in bar über einen Kassenautomaten) beim Abholen des Fahrzeugs. Für die Benutzung des **Zubringerbusses** (zum/vom Anleger) ist außerdem 1 Euro pro Person fällig. Kleinkinder werden frei befördert.

- **Frisia-Garage,** Auskünfte unter der Telefonnummer 04931-9871166; Platzreservierungen sind jedoch nicht möglich.

Andere Parkplätze (alle gebührenpflichtig) befinden sich am Fährterminal und in dessen Umfeld. Sie kommen naheliegenderweise nicht als Abstellplätze für Inselfahrer in Betracht, weil sich die Knöllchen inzwischen kräftig aufsummen. Außerdem sind die außendeichs liegenden Abstellflächen nicht sturmflutsicher; es kann dann passieren, dass einem sein Auto bei der Rückreise von der Insel entgegengeschaukelt kommt.

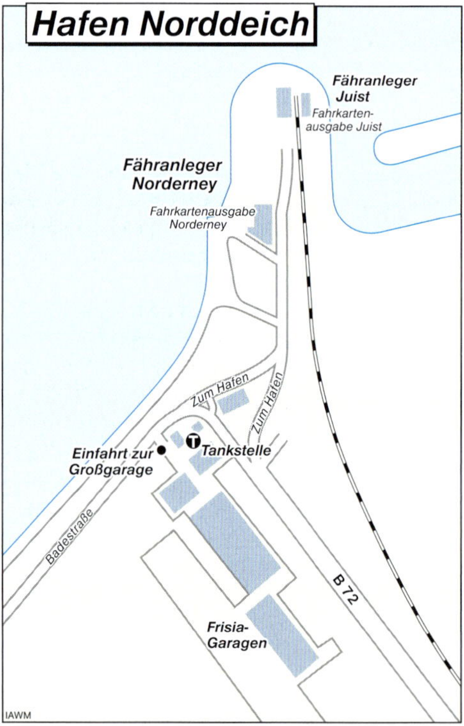

Anreise mit der Bahn

Bahnhof in Norddeich

Eine der großen Annehmlichkeiten der Norderney-Reise ist, dass man per Bahn **bis auf die Mole** vorfahren kann. Man steigt aus dem Zug, macht ein paar Schritte und befindet sich auf der Fähre – weiter geht's!

Die Endstation dieser Züge ist **Norddeich-Mole.** Einen knappen Kilometer davor befindet sich der Bahnhof Norddeich. Dort riecht es schon nach Meer, und manchmal bleibt der Zug für einige Zeit stehen, um auf einen anderen zu warten. Immer wieder ist dann zu beobachten, dass manche Fahrgäste sich bereits in Norddeich-Mole wähnen und hastig aussteigen. Nur Ruhe! Am Ziel ist man erst, wenn beiderseits des Zuges Wasser gluckert. Dann begibt man sich nach *links* hinüber (rechts geht's nach Juist), und dort harrt die Fähre dann meistens schon.

So kann's einem gehen...

Auf Norderney

Weil man bis Norderney durchbuchen kann, unterhält die **Bahn AG** dort ein **Büro** im „Haus der Schiffahrt", einem Gebäude, das sich kurioserweise auch „Bahnhof" nennt.

Im Gegensatz zu einigen anderen Eilanden gibt es auf Norderney aber **keine „Inselbahn".** Den letzten Kilometer von der Fähre in den Ort muss man mangels eigenem Auto per Bus, Taxi oder zu Fuß zurücklegen.

Tickets

Auch das Fährticket kann man bereits daheim bei der Bahn buchen, muss sich dann jedoch auf dem Schiff noch die NorderneyCard (s. u.) ausstellen lassen. Es gibt Sondertarife, bei der Bahn erkundigen (Tel. 11861)!

Gepäck

Reisegepäck kann man sich durch den **Kurierdienst der Bahn** von daheim abholen und zum Urlaubsort zustellen lassen. Das dafür eingerichtete Telefon hat die Nummer 0180-3320520 (bundesweit, Mo–Fr). Normalgepäck bis 30 kg kostet allerdings fast soviel wie eine Rückfahrkarte (mit Kind) nach Norderney.

Anreise mit dem Flugzeug

Von Norddeich

Die **Frisia-Luftverkehr GmbH Norddeich** *(FLN)* fliegt nur nach Bedarf. D.h., man ruft an (Tel. 04931-93320, mind. 2 Std. vorher) und brummt bei Ankunft los. Preise: 1 Erw. 53 € für einen Weg, 101 € hin- und zurück, Kinder bis 11 jeweils die Hälfte. Tel. auf Norderney: 04932-9130.

Der **Flugplatz Norddeich** liegt etwa 4 km östlich des Ortes. Am Flugplatz Norddeich befinden sich Garagen (Tel. 04931-933260). Die Parktarife sind dieselben wie die der obengenannten Frisia-Garage. Es gibt auch einen gebührenfreien Parkplatz für bis zu 12 Std. Abstelldauer. Der **Flugplatz Norderney** befindet sich beim Leuchtturm in der südlichen Inselmitte. Beide Flugplätze haben Busanbindungen.

Von anderen Orten

Von Bremen fliegen die *LFH* (s. u.) und die *Roland Air (ROA)* im Sommer. Info: Tel. 0421-55590 oder 558074, Fax 553092. *ROA* legt in der Hauptsaison auch diverse Sonderflüge von anderen deutschen Städten ein.

Von Harle (Wittmund-Carolinensiel) fliegt die *Luftverkehr Friesland (LFH)* im Sommer nach Norderney und bietet zudem mehrere Verbindungen innerhalb der Ostfriesischen Inseln an. Info: Tel. 04464-94810. (Harle – Norderney 55 € one way, 110 € retour, Tagesflug im Sommer 105 €, Kinder bis 12 halber Preis.) Im Winter sind Flüge nur nach vorheriger telefonischer Vereinbarung möglich.

Anreise mit dem eigenen Boot

Hafen Norderney

Der Fahrtensegler *Jan Werner* (siehe „Literaturhinweise") beschreibt seine Eindrücke so: „Norderney – es kann einem schon sehr gefallen. Drei Tage vielleicht. Dann wird man erleichtert die Leinen lösen und hinausgleiten aus dem übervollen Hafen. Am Busetief noch ein Blick zurück auf die weiße Skyline von Norderney, und endlich hat sie einen wieder, die Stille des Wattenmeeres ..." Gleichzeitig verpasst *Werner* dem Hafen, obwohl alles andere als schön oder gar idyllisch, aber das Prädikat „bester der Ostfriesischen Inseln". Denn die Versorgung ist gut, das Wasser annehmbar tief, im Clubhaus (Tel. 83545) gibt es erstklassige sanitäre Anlagen einschließlich Waschmaschine, und sogar die Brötchen werden morgens längsseit geliefert.

Anfahrt

Die seeseitigen Ansteuerungen von Norderney sind wegen schiftender **Sandbänke** recht vertrackt – man fahre „nach Tonne" und nicht unbedingt nach Seekarte und möglichst auch nicht nachts. Schon *Kaiser Wilhelm II.* brummte mit seiner Yacht *Sleipner* anno 1906 im Schluchter auf Dreck und ärgerte sich so darüber, dass er gleich einen Bagger vor Ort beorderte.

Von einer Anfahrt durch die **Wichter Ee** zwischen Norderney und Baltrum raten die Segelanweisungen (wegen Brandung und gefährlicher Strömungen) dringend ab!

Info

- Das **Hafenamt** von Norderney ist auf UKW-Kanal 16 und unter der Telefonnummer 82826 zu erreichen.
- **Info Liegeplätze** im Bootshafen: L. Pauls, Tel. 405.
- **Segelverein Norderney:** Tel. 2850 und 83545.
- **Bootservice:** Am Hafen 14, Tel. 3203 und 83003.

Anreise zu Fuß

Was – zu Fuß? Ja, das geht. **Vom Festlandshafen Neßmersiel** finden ganzjährig Wattwanderungen nach der Insel statt – sofern das Wetter mitspielt und genügend (10) Teilnehmer zusammenkommen. Die Tour dauert ca. 2 1/2 Stunden, die Rückkehr erfolgt per Fähre. Info erteilen die Wattführer *Heiko Besemann* und *Gerald Diekmann* über Tel. 04933-1809 oder „Hotline" 8129.

Auch **von Norddeich** gibt es (sporadische) Überquerungen nach Norderney. Info dort: *Martin Rieken,* Tel. (Aurich) 04941-8260.

Unterkunft buchen

Buchungssystem

Norderneys zentrales Buchungssystem ist vorzüglich organisiert und computerbeherrscht. Und wenn der **Computer** sagt, dass nichts mehr geht, dann ist Norderney dicht: *Rien ne va plus.* Das kann vorkommen.

Gastgeberverzeichnis

Die Liste mit allen Unterkünften wird einem auf Verlangen vom Servicecenter am Kurplatz (Tel. 891300, Fax 891320) zugesandt. Leider ist das Norderneyer Druckwerk das unübersichtlichste und am wenigsten aussagefähige aller Nordseeinseln. Immerhin ist die Bezahlung aber freiwillig.

Ein Hinweis: Die Unterbringung von Kindern im Elternbett ist „nicht üblich und wird vom Gastgeber nicht gewünscht". Selbigem geht es natürlich nicht um die mangelnde Bequemlichkeit der Kinder, sondern ums Geld: Er möchte ein Extrabett vermieten.

Auch das **Mitbringen von Tieren** muss *vor der Anreise* vereinbart werden; gerade auf Norderney begeistern sich wenige Vermieter dafür.

Man achte in der Liste darauf, **ob geraucht werden darf** und frage gegebenenfalls noch einmal nach; die Zahl der Nichtraucherhäuser nimmt nämlich immer weiter zu.

Im Buch genannte Herbergen sind alphabetisch sortiert; ihre Reihenfolge bedeutet keine Wertung.

Preise

Die im Gastgeberverzeichnis angegebenen Preise gelten für einen **Mindestaufenthalt** von 4 Tagen; darunter wird üblicherweise ein Aufschlag von 30% berechnet.

Im Buch aufgeführte Preise beziehen sich jeweils auf die Hochsaison (HS, 15.5.–30.9.), jene für Doppelzimmer (DZ) auf eine Person.

Eine **telefonische Preisabsprache** ist auf alle Fälle erforderlich. Die Gastgeber können nämlich von der offiziellen Regelung abweichende Saisonzeiten ansetzen, und dann liegen die Preise ganz anders, zumeist höher.

Angeführte **Ermäßigungen** werden an Feiertagen und in der Ferienzeit nicht immer gewährt, also auch da nachhaken.

Bei der Berechnung des Übernachtungspreises gelten **An- und Abreise** als ein Tag. Es ist bei längerem Aufenthalt üblich, Rechnungen wöchentlich zu begleichen.

Die Angaben in den Verzeichnissen sind Endpreise. **Sonderleistungen** müssen vermerkt sein (z. B. nicht selten, ein paar Euro pro Tag für den Hund), und sie sind es in der Regel auch. Trotzdem frage man nach. Kosten für eine **Endreinigung** in Fewos sind im Preis enthalten; auf einen Versuch seitens des Vermieters, dieses (gesetzlich abgeschaffte) Übel noch einmal auf die Rechnung zu setzen, lasse man sich nicht ein. Norderney scheint aber insofern „clean" zu sein.

Gastaufnahmevertrag

So wird die **Übereinkunft zwischen Mieter und Vermieter** genannt. Die Vereinbarung besteht ausschließlich zwischen diesen beiden, d. h., das Norderneyer Verkehrsbüro hat auch nach einer etwaigen Inanspruchnahme als Vermittler nichts mehr mit den jeweiligen Parteien zu tun. Es ist auch kein Veranstalter im Sinne des §651a Abs. 1 BGB.

1. Der Gastaufnahmevertrag ist abgeschlossen, sobald das Quartier bestellt und zugesagt oder, falls eine Zusage aus Zeitgründen nicht möglich war, bereitgestellt worden ist.

2. Der Abschluss des Gastaufnahmevertrages verpflichtet die Vertragspartner zur Erfüllung des Vertrages, gleichgültig auf welche Dauer der Vertrag geschlossen worden ist.

3. Der Gastwirt (Hotelier) ist verpflichtet, bei Nichtbereitstellung des Zimmers dem Gast Schadensersatz zu leisten.

4a. Der Gast ist verpflichtet, bei Nichtinanspruchnahme der vertraglichen Leistungen den vereinbarten oder betriebsüblichen Preis zu bezahlen, abzüglich der vom Gastwirt ersparten Aufwendungen.
4b. Die Einsparungen betragen nach Erfahrungssätzen bei der Übernachtung 10%, bei Übernachtung/Frühstück 20% des Übernachtungspreises. Bei Halbpension 30%, bei Vollverpflegung 40% des Pensionspreises.

5a. Der Gastwirt ist nach Treu und Glauben gehalten, nicht in Anspruch genommene Zimmer nach Möglichkeit anderweitig zu vergeben, um Ausfälle zu vermeiden.
5b. Bis zur anderweitigen Vergabe des Zimmers hat der Gast für die Dauer des Vertrages den nach Ziff. 4b berechneten Betrag zu bezahlen.

6. Ausschließlicher Gerichtsstand ist Norden.

Die Kurpackung

Zukunft der Kur

„Bundestagspräsidentin Rita Süssmuth (CDU) sagte in Norderney, Forschung und Therapie im Gesundheitswesen hätten gute Entwicklungschancen." So stand's im Sommer 1997 in der allzeit scharf beobachtenden Oldenburger „Nordwest-

Zeitung". Aber: „Einschnitte bei den Leistungen der Solidarkassen seien nötig, damit das Gesundheitswesen finanzierbar bleiben könne". Das sagte *Frau Süssmuth* im nächsten Atemzug.

Wie wahr! Der Hinweis galt dem **deutschen Kur- und Badewesen,** von dem Norderney bisher mehr recht als schlecht gelebt hat. Weitgehend von der Allgemeinheit getragen und insofern einmalig in der Welt, ist das System im Zeichen schmaler Budgets in letzter Zeit nämlich selbst kurbedürftig geworden. Die Gesundheitspolitik sieht in der „weißen Industrie" ein fünftes Rad am Wagen und einen Klotz am Bein der Solidargemeinschaft, die im Mittel der letzten Jahre 1,6-millionenmal für „Anwendungen" geradestehen musste.

Die Zukunft der Kur erscheint trübe. Seit die Vorschriften für **Selbstbeteiligungen** verschärft worden sind und die eigene Geldkatze gefordert ist, wird nicht mehr so gern von ihr Gebrauch gemacht. Nach der Jahrtausendwende ist sie noch mehr ins Abseits geraten.

Kurtaxe

Wenn's vorbei ist mit der Kur, kann auch keine Kurtaxe mehr erhoben werden, die an der deutschen Nordsee schon immer Stein des Anstoßes und öffentliches Ärgernis Nummer 1 gewesen ist. **Wofür man sie bisher kassiert hat,** und das nicht zu knapp, ist nicht ersichtlich. *Hannes Mairinger,* Touristikdirektor des (kurtaxfreien) Ostseebades Damp sagt dazu: „Angeblich für die Pflege von Strand und Kur-Anlagen. Aber wo das Geld wirklich bleibt, weiß keiner. Wahrscheinlich in der Verwaltung." Und: „Die Kurtaxe muss bundesweit weg. Aber ganz schnell. Das ist längst überfällig." Damit ist hoffentlich irgendwann mal zu rechnen.

Bis dahin soll der letzte Rahm aber noch kräftig abgeschöpft werden. Die Kurverwaltung Norderney hat stets geargwöhnt, dass sich manche Inselbesucher schuftig vor der Bezahlung der Kurtaxe drückten. Der **Anteil der Verweigerer** wurde auf satte 40 Prozent geschätzt, eine Lücke, die es zu

schließen galt. Denn schon immer hatte es geheißen: „Die Kurtaxe ist unabhängig davon zu zahlen, ob und in welchem Umfang die Kureinrichtungen genutzt werden!" Gegen dieses Diktat hatten sich manche Gäste aufgelehnt, die lediglich von freiem deutschem Boden aus Seewind und -wasser genießen wollten, und zum Teufel mit dem Gefiedel im Kurpark. (Die Finanzierung der millionenteuren wasserwirtschaftlichen Instandsetzungen ist eh nicht Sache der örtlichen Verwaltungen.)

● **Höhe der Kurtaxe** (pro Tag)

	15.6.–30.9.	20.12.–5.1. 1.4.–14.6. 1.10–31.10.	6.1.–31.3. 1.11.–19.12.
Erwachsene	2,70 €	1,80 €	0,80 €
Kinder (12–17 J.)	1,30 €	0,90 €	0,40 €

Jahreskarte: 75,50 €, Kinder 36,50 €

Kurtaxbefreit sind Kinder bis zur Vollendung des 12. Lebensjahres. Bis zur Vollendung des 18. Lebensjahres gilt der Junior-Kurtaxtarif.

Norderney Card

Doch dem gemeinen Drückebergertum hat man ab 1997 durch die raffinierte Einführung der NorderneyCard ein Ende gesetzt. Selbiges **Plastikkärtchen** erspart dem Kurgast nunmehr „zeitraubendes Anstehen/Stress des Schlangestehens" und „lästige Kontrollen" (Vokabular, das früher nie fiel) und sorgt dafür, dass er für die gesamte Dauer seines Aufenthalts seine Kurtaxe entrichtet, und zwar nach folgendem Schlüssel:

Die NorderneyCard ist gleichzeitig das in Norddeich gekaufte **Fährticket.** Passagieren, die eine Fahrkarte der DB besitzen, händigt man bei Ankunft auf der Insel die NorderneyCard aus.

Beim Verlassen der Fähre wird das Kärtchen vom Personal kontrolliert und aktiviert. Das heißt, **es wird jetzt zur Kurkarte,** und man kann mit selbiger u. a. kostenlos den innerstädtischen Busringverkehr benutzen (die Fahrt vom Hafen prompt ausgeschlossen), im Freibad baden und (einmal!) auf den Leuchtturm klettern.

Bei Tagesgästen ist die Kurtaxe bereits im Fährpreis enthalten. Alle anderen **bezahlen sie an Automaten oder Service-Stellen,** die über das Stadtgebiet verteilt sind (siehe Übersicht).

Wenn man das versäumt, wird man **beim Verlassen der Insel am Fährterminal** zur Kasse gebeten, denn die Karte ist ja auch das Retourticket. Deshalb kommt es an der Fähre immer wieder zu stressigen Situationen: zu lästigen Kontrollen so-

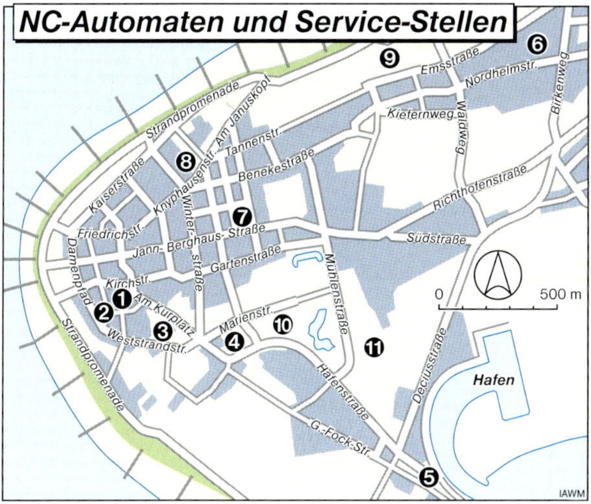

NorderneyCard-Automaten und Service-Stellen

		NorderneyCard Automat	Service-Stelle
1	Am Kurplatz	●	●
2	Die Welle		●
3	Kurmittelhaus		●
4	Haus Schiffahrt	●	
5	Hafen	●	●
6	Nordhelmstraße	●	
7	Busbahnhof	●	
8	Knyphausenstraße	●	
9	Emsstraße/Nordbad (nur im Sommer)		●
10	Parkplätze A und B	●	
11	Parkplatz C	●	

Außerdem am Flugplatz (NorderneyCard-Automat), bei den Strandkorbvermietungen (Service-Stelle, nur im Sommer) und bei diversen Geldinstituten. In der HS sind die Service-Stellen auch an Sonn- und Feiertagen (morgens) geöffnet.

wieso und zu erheblichen Anballungen (d.h. zeitraubendes Schlangestehen), weil viele Leute die Sache nicht kapiert haben und nachlöhnen müssen. Manchmal sind ein paar Unglücksraben dabei, deren Urlaubskassenniveau Normalnull erreicht hat, und dann wird's besonders stressig ...

Wer schon für den gesamten Aufenthalt einen Automaten gefüttert hat, aber **früher abreisen** muss, erhält den Differenzbetrag an jeder Service-Stelle problemlos zurück. Dort kann man sein Kärtchen auch so programmieren lassen, dass man es **als Souvenir behalten** darf (im Automaten über den Befehl „Kartenpfand"). Das kostet 5 €, aber dafür hat man auch ein hübsches Stückchen Plastik, um das sich Sammler bestimmt bald reißen werden (Karten ohne diese elektronische Prägung werden bei der Rückreise eingezogen). Und mehr noch: Wer Namen und Adresse bei einer Service-Stelle hinterlässt, nimmt an einer monatlichen Verlosung „toller Gewinne" (Norderney-Uhr ...) teil!

Quittungen aufheben, für den Fall eines Kartenverlustes!

Die Karte kann auch **im Voraus** von der Kurverwaltung (Postfach 1355, 26535 Norderney) bestellt werden. Ein Antragsformular liegt im Gastgeberverzeichnis.

Info zum Thema Kurkarte über Service-Telefon 0130-181996 (gratis).

Die Nordsee

Land und Meer

Uralte Nordsee

Als so genanntes **Senkungsbecken** gibt es die Nordsee bereits seit der Permzeit; damit ist sie mindestens 290 Millionen Jahre alt. Im Karbon bedeckte bei tropisch feuchtem Klima üppiger Pflanzenwuchs ihre Gestade, dann wieder dehnten sich öde Wüsten. Auf Hebungen folgten Senkungen, ständig änderte der Nordseebereich sein Gesicht. In jüngerer geologischer Vergangenheit, beginnend vor etwa 400.000 Jahren, überzogen die Gletscher der **Eiszeiten** das Becken bis weit in den Kontinent hinein. Vorübergehend lag der Meeresspiegel bis zu 130 m unter dem heutigen Stand; im Holozän, vor rund 10.000 Jahren, waren es etwa 45 m. Zur damaligen Zeit lebten bereits **Menschen** im Nordseebecken. Es handelte sich um nomadische Jäger und Sammler, von deren Existenz heute sporadische Funde künden, manche weit vom Festland entfernt.

Anstieg des Meeres

Gegen Anfang des Holozäns setzte eine allgemeine **Erwärmung** ein, und das Meer begann rapide zu steigen. Um 5500 v. Chr. lag der Pegel bereits 8 m unter dem heutigen Normalnull.

Die jetzige **Küstenlinie** schälte sich in groben Konturen heraus. Seeseitig war sie von einem langgezogenen Gürtel aus Sandplaten und Dünen gesäumt, der später hier und da durchbrochen wurde: Die heutigen ostfriesischen Inseln entstanden. (Mehr zur Entstehung von Norderney weiter unten.)

Der Anstieg des Meeres hat sich seither immer schneller fortgesetzt. Seit 1000 v. Chr. rechnet man mit etwa 11 cm pro Jahrhundert, **in jüngerer Zeit** jedoch schon mit 25 cm. Bei zunehmender Erderwärmung muss sogar diese Zahl noch nach oben korrigiert werden. Das verheißt nichts Gutes für die Küste und die vor ihr gelegenen Inseln. Pessimisten sehen die schütteren Eilande schon in der See verschwinden.

Sturmfluten

Zu Schwarzseherei besteht einiger legitimer Anlass. In historisch dokumentierter Zeit ist es **an der südlichen Nordsee** nämlich immer wieder zu katastrophalen Sturmfluten gekommen. Hier einige der schwersten aus der Geschichte des ostfriesischen Küstenbereichs, zu dem ja auch die Insel Norderney gehört:

- **26. Dezember 838:** Eine Flut mit womöglich über 2000 Toten.
- **17. Februar 1164** (1. Julianenflut): Zerstörung der ersten Küstendeiche, Einbruch der Jade, angeblich 20.000 Opfer – was angesichts der Besiedlungsdichte zu bezweifeln ist. Ein paar tausend waren's vielleicht, befinden die Gelehrten.
- **16. Januar 1219** (1. Marcellusflut): Hier ist sogar von 36.000 Ertrunkenen die Rede, doch realistische Historiker haben auch diese Zahl auf etwa 1800 reduziert.
- **14. Dezember 1287** (Luciaflut): Wiederum wird mit 50.000 eine riesige, wohl nicht ganz tatsachengerechte Zahl von Opfern genannt.
- **23. November 1334** (Clemensflut): Möglicherweise war das Jahr auch 1324 oder 1338, ein Zeichen für die Unsicherheit damaliger Zahlenangaben. Schwere Schäden vor allem im Bereich des Jadebusens.
- **13. Januar 1362** (2. Marcellusflut, „Grote Manndränke"): Diese Megaflut veränderte die gesamte Küstenlinie, vor allem in Nordfriesland; Tausende von Menschen ertranken.
- **26. September 1509** (Kosmas- und Damianflut): Besonders schwere Schäden im Emsbereich. Weitere Vergrößerung des Jadebusens.
- **10. Januar 1511** (Antoniflut): Riesige Verwüstungen an der ostfriesischen und oldenburgischen Küste.

- **22. Februar 1651** (Petriflut): Deichbrüche. Die Inseln Juist und Langeoog wurden schwer in Mitleidenschaft gezogen.
- **25. Dezember 1717** (Weihnachtsflut): Die Mutter aller Katastrophen; insgesamt 18.140 Menschen sollen ertrunken sein, 2752 in Ostfriesland. Die gesamte Marsch der Nordseeküste stand unter Wasser, Schiffe wurden *über* die Deiche gespült, Helgoland zerbrach in zwei Teile. Auch auf Norderney gab es so viele Schäden, dass 18 Einwohner der Insel für immer den Rücken kehrten.
- **3.–4. Februar 1825:** Setzte der Weihnachtsflut noch 36 cm drauf. Die Verluste hielten sich wegen verbesserter Deiche jedoch in Grenzen. Für *Goethe* war das gewaltige Naturereignis ein Schlüsselerlebnis, das ihn zur Inangriffnahme seines „Faust" inspirierte.
- **13. März 1906:** Nochmals 10 cm dazu! Es gab jedoch keine Deichbrüche und nur relativ wenige Sachschäden.
- **16. Februar 1962** (2. Julianenflut): Ein Orkan mit Sturmstärke 12 trieb den Pegelstand auf 5,22 m über Normalnull. Schwerste Schäden und 315 Todesopfer, vor allem in Hamburg. Von einer „Jahrhundertflut" war die Rede, doch just zuvor, 1953, hatte die „Holland-Flut", höher als alle bisherigen, in den Niederlanden sogar 1851 Tote und 20.000 Obdachlose gefordert. Ostfriesland blieb von beiden Fluten einigermaßen verschont.

Die **Häufigkeit, Gewalt und Dauer** dieser verheerenden Naturkatastrophen hat sich in jüngster Vergangenheit fühlbar gesteigert, auch dies wahrscheinlich eine Folge der Erderwärmung. Um spezifisch von Norderney zu sprechen: Bereits seit den 1950er Jahren stieg die Anzahl der dort registrierten Sturmfluten von seinerzeit 10 auf heute mindestens 18 pro Jahr an, während die Verweildauer überhoher Wasserstände sich seit 1900 versiebenfachte. Keine rosigen Aussichten für die (ferne) Zukunft, in der Tat.

Ebbe und Flut

Erklärungsversuche

Das seltsame „Atmen" des Meeres veranlasste die Menschen schon in grauer Vorzeit dazu, nach einer Erklärung für das Phänomen zu suchen. Die alten **Griechen** machten sich auf ihren Reisen in nördliche Gewässer als erste Europäer Gedanken über diese Naturerscheinung. Der Seefahrer *Pytheas* ahnte es bereits, und sowohl der Geograph *Strabo* als auch der (römische) Historiker *Plinius d. Ältere* fassten es in Worte: Der Mond hat etwas mit der Sache zu tun.

Die **Küstenbewohner des Nordmeeres** selbst waren da konservativer. Lange hielt sich der Glaube, dass die Götter hinter den Gezeiten steckten, und bis weit in die Neuzeit hinein wurden Ebbe und Flut mit allerlei Hokuspokus in Verbindung gebracht. Ebenso wie man dem Gang der Gestirne auch heute weiterhin großen Einfluss auf die Geschicke des Menschen zuschreibt, macht man an manchen Ecken der Nordsee die Flut verantwortlich für männliche Geburten und die Ebbe für weibliche – und wehe denen, die bei „Stauwasser" zwischen den Gezeiten das Licht der Welt erblicken! Und bei Ebbe um Himmels willen kein Bad nehmen! Was aber wohl mehr damit zusammenhängt, dass man einst *jede* Ausrede vorzuschieben wusste, um nicht in die Wanne steigen zu müssen ...

Ursachen

Heute wissen wir (vor allem dank *Isaac Newton)* einiges mehr. Der **Mond** insbesondere ist es, der die See alle 6 Stunden und 13 Minuten auf einen Hoch- oder Tiefpunkt bringt, und das natürlich in ständigem Fluss, der Bewegung unseres Trabanten um den Erdball entsprechend. Hinzu kommen der Einfluss der **Sonne** und bis zu 200 **kleinere Faktoren,** u. a. die ständig variierenden Distanzen zwischen den Gestirnen. Selbst das *Land* wogt, wenn auch mit weitaus geringerer Amplitude, in diesem Rhythmus mit. Die Stadt Köln zum Beispiel hebt und senkt sich mitsamt ihrem Dom um täglich bis zu 50 Zentimeter!

Begriffe

An der Küste sind die Begriffe Ebbe und Flut verpönt, obwohl gerade sie so schön seemännisch klingen. Man spricht von **ablaufend und auflau-**

fend Wasser, von **Niedrig-, Hoch- und Stauwasser,** und man sagt, dass die **Tide kippt,** wenn sich nach kurzem Stillstand (Stauwasser) das ganze Konzept in umgekehrter Richtung abwickelt.

Bedeutung für Norderney

Auf Norderney, wo der maximale Tidenhub zwischen Hoch- und Niedrigwasser etwa 2,40 m beträgt, ist das Wissen um die Gezeiten weniger in bezug auf den Fahrplan der **Fähren** von Belang. Denn selbiger ist wegen der tiefen Rinne nach der Insel „tidenunabhängig".

Wichtiger ist die Vertrautheit mit dem Atmen der See samt allem Drum und Dran wie gefährliche Strömungen, überflutendes bzw. trockenfallendes Land und dergleichen mehr **für Wattwanderer, Schwimmer, Bootsfahrer und Surfer.** Von speziellem Interesse für die beiden letzteren ist die Befahrensregelung im Nationalpark Wattenmeer, nach denen die Ruhezonen auf ausgewiesenen Fahrwassern nur von drei Stunden nach bis drei Stunden vor mittlerem Tidehochwasser befahren werden dürfen. Die nötigen Auskünfte gibt der **Tidenkalender,** der an allen strategischen Punkten auf der Insel eingesehen werden kann und in allen insularen Veröffentlichungen abgedruckt ist.

Strömungen

Man lasse sich an der Küste allerdings nicht den Bären aufbinden, Gezeiten gäbe es nur im Nordseebereich. Die Auswirkungen des lunaren Einflusses hängen stark von der Geographie ab; **anderswo auf Erden** gibt es gewaltige Tiden, gegen welche jene des atlantischen Randmeeres Nordsee sich ausgesprochen zwergenhaft ausmachen.

Doch in 2,40 m über Null kann man genauso ertrinken wie in 12 m, und der **Ebbstrom der Nordsee** ist ebenfalls nicht von Pappe. Gut 3,5 Knoten, das sind über 6 km/Std., sind gemessen worden – Gegenanschwimmen zwecklos. Unser deutsches Hausmeer kann auch im kleinsten Stil tückisch sein; man vergesse das nie.

See und Sicherheit

Wo aber Gefahr ist,
wächst das Rettende auch.

Hölderlin

Gefahren bei hohem Seegang

Badeunfälle passieren nicht überwiegend Nichtschwimmern, sondern Menschen, die sich ganz gut über Wasser zu halten verstehen, aber ihre **Kräfte überschätzen.** Viele Leute scheinen das Gespür für Gefahren verloren zu haben, weil in der vorbildlich heilen Fernsehwelt alles so schön klappt.

Bei starkem Wellengang macht das Baden besonderen Spaß – doch dann ist der Körper auch besonders beansprucht. Das **Mischelement von Wasser und Luft** in der Brandung trägt nämlich schlecht und fordert dem Schwimmer mehr Bewegung ab. Der **Rückfluss des Wassers** nimmt bei hohem Seegang stattliche Geschwindigkeiten an, und noch mehr Paddelei ist dann vonnöten. Wer jede Menge Power (nicht nur „Muckis", sondern auch Luft) hat, kommt gut damit zurecht – mit weniger Reserven begünstigte Menschen aber nicht.

An den bewachten Stränden Norderneys räumen die Wächter die Badereviere mit akustischen Signalen, wenn Gefahren im Anzug sind.

Auf offener See

Ein **Schwimmer,** der von den eben zitierten Gezeitenströmungen auf die offene See hinausgetragen wird, hat kürzere **Überlebenszeiten** zu erwarten, als er sich, begeistert von der Frische seines Bades, vielleicht vorstellt. Weniger als körperwarmes Wasser (in der Nordsee immer der Fall) entzieht dem Schwimmer ständig Wärmeenergie, bis schließlich keine mehr da ist und der Mensch entkräftet absinkt und zu ertrinken beginnt. In seinem „Handbuch für Handelsschiffe" gibt das Bundesverkehrsministerium folgende Richtwerte für Suchaktionen:

Wassertemperatur	Zeit für Suchaktionen
4–10 °C	weniger als 3 Stunden
10–15 °C	weniger als 6 Stunden
15–20 °C	weniger als 12 Stunden

Wer in sehr kühlem Wasser also nicht ohne Verzug das Objekt einer Suche wird – was keineswegs immer vorausgesetzt werden kann –, hat ziemlich schlechte Karten. Nicht versuchen, sich heftig strampelnd „warmzuschwimmen"; dabei geht nur kostbare Energie verloren. Lieber den **„Toten Mann"** (bewegungslose Rückenlage) spielen, um die letzten Reserven zu bewahren. Menschen, die selten schwimmen gehen, sollten den „Toten Mann" öfter mal trainieren, um für Notsituationen gewappnet zu sein.

Vorsicht mit **Luftmatratzen** und **Gummibötchen!** Bei ablandigem Wind geraten sie ins Segeln und gehen auf langen Seetörn. Jedes Jahr pickt die Deutsche Gesellschaft zur Rettung Schiffbrüchiger (DGzRS) derartige Abenteuerreisende auf hoher See auf – wenn sie das Glück haben.

Unterkühlung

Wer nach langem Baden unterkühlt und zähneklappernd aus dem Wasser steigt, sollte daran denken, dass „Warmlaufen" und andere **Bewegung** den Körper nur weitere Wärme kostet. **Dick einmummeln** und möglichst bald unter eine heiße Dusche, lautet das Rezept.

Auf keinen Fall Alkohol trinken, auch keinen heißen wie Grog! Alkohol öffnet die Körperporen und lässt weitere Wärme entweichen. Bei extrem unterkühlten Menschen kann die Zufuhr von Alkoholika spontane Todesfolge haben.

Wadenkrampf

Ein nicht seltenes Vorkommnis, besonders in kühlem Wasser. Durch einen Wadenkrampf wird ein Bein völlig immobilisiert, und schwache Schwimmer geraten dann in die Bredouille.

Abhilfe: In Rückenlage das Bein ausstrecken und die große Zehe kräftig im rechten Winkel nach oben ziehen. Das tut einen Moment lang weh, aber der Krampf löst sich dann ruckartig.

Man sollte **jetzt das Wasser verlassen,** denn der Krampf war bereits ein Warnsignal für beginnende Unterkühlung.

Quallen

Manchmal, nicht oft, und in Abhängigkeit von mehreren biologischen Voraussetzungen, können sich Quallen in großer Zahl sammeln, darunter einige (wenige) **giftige Arten.** Sie sind in diesem Buch nicht illustriert, denn das nützt einem betroffenen Schwimmer herzlich wenig – im Wasser kann man die Viecher kaum sehen, geschweige denn identifizieren. Dickes Eincremen mit Sonnenschutz gibt eine sehr gute Vorbeugung ab.

Harmlos: gestrandete Qualle

Wenn's auf der Haut brennt, ist einem mit diesen Ratschlägen bestimmt besser geholfen: Sofort das Wasser verlassen; weitere Quallen können in der Nähe sein. Etwaig anhaftende Tentakelreste nicht mit Handtuch oder Sand abrubbeln (macht die Sache schlimmer), sondern vorsichtig abpflücken. Essig drauf (gibt's bei der Strandwache), gegebenenfalls Urin als Notmittel. Sehr heißes Wasser hilft auch. In schweren Fällen (manche Menschen reagieren auf die Nesselgifte von Quallen sehr empfindlich) unbedingt einen Notarzt herbeirufen lassen, der antihistaminische Mittel verabreichen und den Kreislauf stützen wird.

Auf dem Trockenen liegende Quallen stellen keine Gefahr mehr dar, auch wenn man versehentlich auf sie tritt.

Wind und Wetter

Klima-chaos?

Was ist bloß los mit dem Wetter? So wird allerorten gestöhnt. Der Sommer 2002 bescherte Mitteleuropa Regenfluten, die im Elbebereich die **Jahrhundertflut** auslösten (so genannt, obwohl das Jahrhundert gerade erst begonnen hatte), und darauf wurde es wieder brütend heiß. Beginnt der Treibhauseffekt zu greifen? Wachsen bald Palmen auf Norderney? Gemach. So – buchstäblich – heiß, wie das alles klingt, ist die Lage gar nicht. Die Tiefs aus dem Golf von Triest (1997, Oderflut) und dem von Genua (2002), mit denen das alles begann, sind traditionell richtiggehende Wasserbomben. Schiebt sie ein unglücklicher Schlenker zu weit nach Norden, wird's eng in deutschen Landen. Aber das ist *business as usual.*

Vergleichbare Konstellationen wird es zukünftig gebietsweise mehr, anderswo auch weniger geben – da gibt es **keinen wesentlichen Unterschied zu früher.** Für die Meteoro- und Klimatologen bietet sich hier weiterhin ein reicher Garten zum Beackern, der sie in Lohn und Brot halten wird. Den Badegast auf der Nordseeinsel brauchen diese Großanalysen jedoch nicht zu kümmern, allenfalls die für ihn günstige Langzeitprognose, dass die Sommer womöglich trockener und die Winter feuchter werden.

Wenig Änderung

Wie wenig sich im Grunde seit anno dunnemals geändert hat – einen Hauch wärmer ist es in den letzten 150 Jahren lediglich geworden –, erweist das **Studium früherer Wetterberichte.** Am 17. Juni des Jahres 1740 zum Beispiel fror es auf der Insel Stein und Bein, und vom 3. August wird Rauhreif gemeldet.

Literaturtipp: *„Sonne, Wind und Reisewetter“* aus der Praxis-Reihe des Reise Know-How Verlags.

Auch den Beobachtungen zeitgenössischer Reisender ist manches Extrem zu entnehmen. So jenen des Norderney-Fahrers **Theodor Fontane,** von dem in diesem Buch noch öfter die Rede sein wird. Damals, in den achtziger Jahren des 19. Jahrhunderts, war das Wetter unter den Badegästen genauso Thema Nr. 1 wie heute. „Die greisigsten Greise erinnern sich nicht, *solchen* August erlebt zu haben“, schreibt der Dichter humorig, aber mit klammen Fingern, in der Hochsaison 1882. Gleich darauf wurde es allerdings wieder „glühheiß“, was dem Kurgast ebenfalls nicht behagte.

Trotzdem kam er im nächsten Jahr wieder – und geriet vom Regen in die Traufe. Bei der Anfahrt im Juli froren im Ostfriesischen die Zugfenster mit Eisblumen zu, und dann ist bis weit in den August hinein die Rede von Sturm, Regen, Kälte. „Es war kalt, naß und zugig, was überhaupt die Signatur des diesjährigen Norderney ist“, notierte der schwer erkältete Autor, um seinem Aufenthalt letztlich aber eine durchaus positive Gesamtnote zu geben: „Im Ganzen muß ich mit meinen 3 Wochen hier sehr zufrieden sein; es ist mir nichts eigentlich Unangenehmes passiert, und selbst die Sturmtage waren schön. Ja ich komme jetzt dahinter, daß das Meer *nur* an seinen Sturmtagen entzückend ist; so wie Ruhe eintritt, ist es eigentlich langweilig.“

Ganz ähnlich wird sich bei weitgehend unveränderter Großwetterlage auch **heute** mancher Badegast äußern. Und wenn's den eingeborenen Insulanern im Winter wie *Fontane* kalt und langweilig wird, reisen sie auf andere, wärmere Eilande. Eine ganze Kolonie von Norderneyern existiert auf Lanzarote, wo man alljährlich in angenehm kurtaxfreier Umgebung die kanarische Sonne genießt.

Luft- und Wassertemperaturen auf Norderney (°C)

	Juni	Juli	Aug.	Sept.
• Mittleres Tagesmaximum, Luft	17	19	19	17
• Mittleres Nachtminimum, Luft	11	13	13	11
• Monatsmittel, Wasser*	15	17	18	16

*) Kaum Unterschiede zwischen Tag und Nacht

Westwindtrift

Der große „Wetterbrüter und Sturmkönig", wie *Hans Leip* den **Golfstrom** bezeichnet, wälzt seine Warmwassermassen wie eh und je in Richtung Nordeuropa. Nach wie vor liegen die Nordsee und ihre Inseln in der „guten, alten" Westwindtrift. Selbige wird so genannt, weil die im Golfstrombereich entstandenen **Tiefdruckgebiete** zumeist auf West-Ost-Kurs über die Nordsee (oder nördlich von ihr) hinwegtrudeln. Außerdem erzeugen diese Tiefs auf ihrer wettermäßig besonders aktiven Unterseite Winde aus westlichen Richtungen.

Mit etwas ganz elementarem Wetterwissen wie diesem kann man auf der Insel seine **eigene Wettervorhersage** anstellen – und die stimmt dann auch zumeist ziemlich genau. (Man kann aber ebenfalls, siehe unten, zum Telefon greifen und sich vom Deutschen Wetterdienst informieren bzw. korrigieren lassen.)

Anmarsch eines Tiefs

Auf Nordbreite rotiert die Luftströmung um ein Tiefdruckgebiet grob gesehen spiralig gegen den Uhrzeigersinn. Die **Position des Tiefs** lässt sich leicht ermitteln, indem man sich mit dem Rücken gegen den Wind stellt; das Zentrum liegt dann links ein paar Grad weiter im Uhrzeigersinn. Ein sich von Westen der Nordsee näherndes Tief kündigt sich somit mit **südlichen Winden** an, die bei Heranrücken des Druckgebildes zunehmen und allmählich westlicher werden. Ausläufer (Fronten) sorgen dafür, dass diese Sequenz sprunghaft vor sich geht, d. h., der Wind macht mitunter einen „Satz" in eine andere Richtung. Gleichzeitig mit einem **Windsprung** erfolgt auch zumeist eine Wetteränderung.

Die normale **Reihenfolge bei Anmarsch eines Tiefs** ist an der Küste: Eintrübung – Regen – kurze Besserung – Schauer/womöglich mit Gewittern – Besserung/Abkühlung/klare Sicht. Natürlich gibt es jede Menge von Zwischenstadien und alternativen Konstellationen, und auch eine Hochdrucklage wird sich – hoffentlich – zwischendurch einstellen. Mit der Meldung, dass südliche Winde schlechtes Wetter ankündigen und nördliche besseres, liegt man im Nordseebereich aber immer richtig und kann sich einen Namen als kleiner Wetterfrosch machen.

Gewitter

Einiges ist noch zu Blitz und Donner zu sagen. Wer in der insularen Einsamkeit in ein Gewitter gerät, läuft hohe Gefahr, ein herausragendes Ziel für den Blitz abzugeben und womöglich zu Schaden zu kommen. Nicht dass es auf Norderney etwa mehr gewitterte als anderswo. Aber in jüngerer Zeit stehen auf der Insel mindestens zwei **Todesfälle durch Blitzschlag** zu Buch – tragische Zufälle, die sich auch überall sonst hätten zutragen können. (In Deutschland werden jährlich über 100-mal Menschen vom Blitz getroffen.) Die Betreuerin einer Kindergruppe wurde – sie war die größte! – vom Blitz ausgesondert und getötet. Ein anderes Mal kam einer von zwei Mähern ums Leben, angeblich derjenige, der einer (weggeworfenen) Sense am nächsten war.

Über die **Entstehung von Gewittern** herrschen Missverständnisse vor. Elektrische Stürme müssen nicht unbedingt mit großer Hitze einhergehen. Man spricht, wenn dies der Fall ist, von Wärmegewittern, und sie sind ja charakteristisch für schwüle Sommertage. Aber auch bei ausgesprochen kaltem Wetter, ja sogar im Winter, kann es zum großen Knall kommen. Gewitter dieser Art sind die Begleiter von Kaltfronten und die Folge von extremen Luftbewegungen in diesen Systemen. Sie treten gewöhnlich in Form aufeinanderfolgender Schauer auf, nicht selten mit Hagel.

Nun ein paar Hinweise zum **Verhalten bei Gewittern.** Wenn Blitz und Donner dicht aufeinander folgen, wird's brenzlig. Man suche umgehend in einem tiefen Punkt im Gelände Deckung, achte aber darauf, dass höhergelegenes Terrain in der Nähe ist, flüchte also von Strand und Meer in die Dünen. (In einer verzweifelten Notlage ist dafür vielleicht ausnahmsweise mal ein Schritt in naturgeschütztes Terrain zulässig.) Möglichst klein machen (in die Hocke gehen) und in dieser Position verharren, bis das Dickste vorbei ist. Radwanderer verfahren ebenso; reichlich Distanz zum metallenen Fahrrad herstellen! Reiter: absteigen! Im (geschlossenen) Auto ist man sicher; man bitte andere Fahrer gegebenenfalls um Asyl. Ebenso kann einem im Innern eines metallenen Schiffes nichts passieren.

Ausgesprochen gefährlich bei Gewitter ist **Wattwandern.** Die Wattführer informieren sich vor jeder Tour genau über die Wetterlage. Man grolle ihnen nicht, wenn ein Programm abgesagt wird – die Maßnahme dient nur der eigenen Sicherheit.

Wetterkleidung

Weil alles in ständigem Fluss ist, sollte man, auch wenn die Sonne gerade knallt, nicht auf die Mitnahme von Pullover und **Friesennerz** verzichten. Letzteres Unikum ist der gelbe Überzieher, mit

Blitz und Donner

Eine vorzügliche Beobachtung eines schweren Gewitters im Inselbereich verdanken wir ***Otto von Bismarck.*** Selbiger war 1844 mit dem Raddampfer *Telegraph* von der Weser nach Norderney unterwegs und erlebte dabei folgendes Abenteuer:

„Als wir in See kamen, fing es heftig zu regnen an, und etwa 2 Meilen von der Insel Wangeroog liefen wir auf einer Sandbank fest, so daß wir die Nacht bleiben mußten, um die Flut abzuwarten. Während der Zeit überfiel uns das tollste Gewitter, welches ich je gesehen habe, zum Glück ganz ohne Wind, aber wohl zwei Stunden mit wenig unterbrochenem Donner und Blitz. Ich war mit Herrn von Friesen aus Rammelburg und dem Capitän allein auf der Vorderdeck, als ein betäubender Schlag, mit Blitz und Donner ganz zugleich fiel, Friesen und ich taumelten auseinander, und jeder dachte vom andern, er brenne, der Strahl hatte einige Schritte von uns den Kettenkasten getroffen und an der aushängenden Kette seinen Weg ins Wasser genommen. In derselben Minute erfolgten noch 3 ähnliche Schläge in der unmittelbarsten Nähe des Schiffes, so daß die ganze See um uns aufbrauste. Einige Damen wurden ohnmächtig, andere weinten, und die Stille in der Herrencajüte wurde nur durch das laute Beten eines Bremer Kaufmanns unterbrochen, der mir vorher viel mehr auf seine Weste als auf seinen Gott zu geben schien. Als ich mich nach dem Schlag, der das Schiff traf, mit der Frage an den Capitän wandte, wo der Blitz wohl sitzen möchte, war dieser Mann gänzlich außerstande zu antworten. Er war blaublaß im Gesicht, die Lippen bebten ihm wie im Fieberfrost, und er war fast ohne Besinnung. Ich hätte wohl sehen mögen, was für Kommando er hätte geben können, wenn das Schiff etwa in Brand geraten wäre. Gegen mich geriet er in eine abergläubische Aufregung, die er erst später zu äußern imstande war, weil ich zur Beruhigung der alten Gräfin von K., die im größten Schreck an die Tür stürzte, einige Scherze über den Donner machte. Übrigens stand unsere Partie wirklich schlecht, da das Schiff der einzig anziehende Punkt für die Blitze war, das Gewitter gerade über uns, und wenn wir brannten, oder der Kessel zerschlagen wurde, so faßte unser Boot noch nicht den vierten Teil der Gesellschaft, und wir waren zwei Meilen vom Lande. Das Gebet des Bremer Herren rettete uns diesmal noch."

dem man sogar im Orkan herumstapfen kann, ohne nass zu werden. Der Friesennerz ist übrigens bereits über zweieinhalb Jahrhunderte alt, und friesischen Ursprungs ist er schon mal gar nicht. Anno 1747 kam der Franzose *François Fresnau* auf die großartige Idee, eine alte Windjacke mit gelbem Latex zu beschichten, und *voilà* – die erste wetterfeste Kleidung (Europas) war erfunden!

Örtlicher Wetterbericht

Wetterberichte hängen überall in den Info-Kästen aus, nicht immer aktuell. Eine lokale Vorhersage für die Insel Norderney („Bäderwetterbericht") kann man auch über die Telefonnummer 04932-991674 beziehen. Zu bedenken ist dabei, dass dieser Bericht weiterhin vom Deutschen Wetterdienst stammt, dem alle ostfriesischen Inseln (unter Führung von Borkum und mit Ausnahme von Norderney und Wangerooge) seit Anfang 2002 die Gefolgschaft gekündigt hatten, weil sie mit der Präzision der Vorhersagen nicht zufrieden waren. Für Norderneys Nachbarinseln sagt seither der Schweizer Wetterfrosch Jörg Kachelmann die Witterung recht verlässlich voraus.

Strandspaziergang bei Regen

Sturm und Wellen

Die Stärke des Windes und der resultierende Zustand der See werden nach der **Beaufort-Skala** bemessen. Eine einfache Ziffer gibt dieserart eine ganz gute Vorstellung von den Verhältnissen. Für den praktischen Gebrauch hört die Skala bei 12 Beaufort (Bft) auf, sie ist für andere Anwendungen (tropische Orkane) jedoch auf 17 Bft erweitert worden.

Bft	km/h	Wind	Zustand der See
0	<1	Stille	Spiegelglatt.
1	1–5	Leiser Zug	Leicht gekräuselt.
2	6–11	Schwache Brise	Kleine, kurze Wellen mit glasigen Kämmen.
3	12–19	Leichte Brise	Kämme beginnen zu brechen, mitunter treten kleine, weiße Schaumköpfe auf.
4	20–28	Mäßige Brise	Wellen werden länger und Schaumköpfe häufiger.
5	29–38	Frische Brise	Wellen mäßiger Höhe, aber schon von ausgeprägter langer Form. Überall weiße Schaumköpfe, vereinzelt etwas Gischt.
6	39–49	Starker Wind	Wellen bauen sich auf; Kämme brechen und hinterlassen größere weiße Schaumflächen; etwas Gischt.
7	50–61	Steifer Wind	Die See beginnt sich zu türmen. Der weiße Schaum der Brecher legt sich in Streifen zur Windrichtung.
8	62–74	Stürmischer Wind	Mäßig hohe Wellenberge mit langen Kämmen. Gischt beginnt abzuwehen und die Luft zu füllen. Ausgeprägte Schaumstreifen in Windrichtung.

Bft	km/h	Wind	Zustand der See
9	75–88	Sturm	Hohe, „rollende" Wellenberge mit dichten Schaumstreifen in Windrichtung. Beginnende Sichtbeeinträchtigung durch Gischt.
10	89–102	Schwerer Sturm	Sehr hohe Wellenberge mit langen, überbrechenden Kämmen. Schweres, stoßartiges Rollen der See. Sichtbeeinträchtigung durch Gischt.
11	103–117	Orkanartiger Sturm	Außergewöhnlich hohe Wellenberge. Durch Gischt herabgesetzte Sicht.
12	118-133	Orkan	Luft mit Schaum und Gischt angefüllt. See völlig weiß. Jede Fernsicht ausgeschlossen.

Meer und Gesundheit

Historisches

„Das Meerwasser ist nicht bloß salziger, gesättigter und wirksamer, sondern auch der freie Blick ins Unendliche, das tobende Meer und die hohe blaue Wasserfluth, vollendes wenn die Sonne majestätisch und mit ihrem reinen Lichte aus ihr emporsteigt und mit einem Glanze, den kein irdisches Auge verträgt, zurückwerfend ihr Licht wieder in sie zurückgeht, alles dies erweckt Empfindungen des Gemüths, welche stärkend auf den Körper zurückwirken und also die physische Kraft des Wassers unendlich vermehren."

Mit diesen Worten pries anno 1814 der **Norder Arzt H. G. Hessenius,** ganzheitlichen Konzepten prophetisch vorausschauend, die gesunden Effekte eines Aufenthalts am Meer. Er hätte den freien Blick ins Unendliche vielleicht selbst öfter praktizieren sollen, denn zwei Jahre später starb er bereits in recht jungem Alter. Was aber nichts besagen will. Sein Kollege *A. W. Ufen,* der längere Zeit als kommissarischer Badearzt auf Norderney tätig war und 1826 das Zeitliche segnete, brachte es auf stolze 89 Jahre. **Gesundheit und Tod** sind sicher von vielen Faktoren abhängig, doch die „hohe blaue Wasserfluth" trägt womöglich dazu bei, manches zum Besseren zu richten. Sehen wir uns die Sache einmal im einzelnen an.

Was ist im Meerwasser?

Kann man eigentlich das „wirksame" **Seewasser trinken?** Schlückchenweise zweifellos. Es werden ja regelrechte „Trinkkuren" angeboten, und dabei wird man gleich belehrt, dass der gute Stoff nicht etwa aus der Nordsee, sondern aus den Tiefen des Atlantischen Ozeans stammt. Deshalb kostet er auch fast 5 Euro pro Liter, ganz schön happig für eine Substanz, mit der 70 Prozent der Erde dick bedeckt sind. Zwar dürfte man durch die Einnahme von Nordseewasser ebenfalls keinen Schaden nehmen, sofern man es nicht gerade eimerweise trinkt. Beim Baden nimmt man eh ständig kleine Mengen zu sich.

Aber schon der Gedanke an diverse Beimischungen ist wenig appetitfördernd. Was da braun im Brandungsgürtel quirlt, dürften eigentlich noch die harmlosesten Ingredienzen sein: **Plankton** und **Schlickpartikel,** beide aufgrund ihres Mineralienreichtums wohl eher gut für die Gesundheit. Auch vor giftigen **Algen,** von denen in jüngster Zeit einiges hergemacht wurde, braucht man keine Angst zu haben. Die vom ADAC und anderen Institutionen alljährlich vollzogenen Wassertests bringen dem Nordseewasser vor den Inseln durchweg die Note 1 ein: Blitzsauber! Allerdings beschränken sich diese Untersuchungen auf das Vorhandensein von **Kolibakterien** aus fäkalen Abwässern. Für deren fast totales Verschwinden haben modernste Kläranlagen überall im Nordseeraum gesorgt – eine höchst lobenswerte Maßnahme. Doch andere Stoffe wie Öl und chemische Gifte werden bei diesen Tests außen vor gelassen.

Da aber unser gesamtes Wirtschaftssystem, ja, unsere gesamte Existenz mangels besseren Wissens auf Anwendungen klebrigen **Erdöls und giftiger Chemikalien** basiert, landet von diesen Substanzen immer einiges in unserem lieben deutschen Hausmeer. Vertreten sind unter anderem 20.000 Jahrestonnen unverbrannter Treibstoffe aus diversen Maschinen, hauptsächlich automobilen. „Einleitungen" von Öl finden nahezu ständig statt. Zwar ist das der Schifffahrt bislang erteilte Zugeständnis von 60 Litern Ölablass pro Seemeile Anfang 1998 endlich abgeschafft worden, jetzt gelten 0,0 Promille. Aber hält sich jeder Käpt'n daran? Bei etwa 100.000 jährlichen Schiffsbewegungen in der Nordsee ergeben viele kleine Sündenfälle auch ohne Tanker-GAU einen ganz hübschen Teppich. Auf den zahlreichen Bohrinseln kleckert ebenfalls schon mal das eine oder andere Tönnchen daneben.

Auch die deutsche Landwirtschaft ist mit rund 350.000 Jahrestonnen algenwuchsförderndem **Stickstoff** gut in der hohen blauen Wasserfluth repräsentiert, und selbst **Cadmium** und **Quecksilber,** ganz zu schweigen von diversen echt ätzenden **Chlorverbindungen,** brauchen sich nicht über mangelnde Präsenz zu beklagen.

Schmutziges Tun

Um zumindest der gröbsten Schweinereien Herr zu werden, hat die Bundesregierung einiges an schweren Geschützen aufgefahren, die den Steuerzahler – nicht etwa den elementaren Verursacher – gut 125 Millionen Euro gekostet haben. Die **Überwachungsmaschinerie** soll vor allem Frachtschiffe an ihrem schmutzigen Tun hindern.

Aber die Erfolgsbilanz ist dürftig, zumal sich selten ein verantwortlicher Verursacher greifen und zur Kasse bitten lässt – dafür hat die schwarze Zunft schon gesorgt. Zwar existiert zur Begleichung von Großverschmutzungen ein **Entschädigungsfonds der Ölindustrie** (Fipol). Doch diese honorige Einrichtung, die ohnehin nur für wirtschaftliche und nicht für ökologische Schäden aufzukommen verspricht, bewegt sich genauso viskos wie die von den Schiffen beförderten Stoffe. Die durch den Untergang der *Prestige* (2002) massiv betroffenen galizischen Fischer haben noch nicht von ihr gehört. Bei Drucklegung dieser Neuauflage waren sogar die durch die 15.000 Tonnen Öl des Tankers *Erika* (1999) verursachten Schäden an der bretonischen Küste erst zu weniger als einem Drittel der geforderten Summe von 180 Millionen Euro beglichen.

Saubere Luft und Reizklima

Glücklicherweise zählen glibbriges Öl und giftige Chemikalien an den Nordseestränden nicht zum Normalfall, jedenfalls nicht in Konzentration. In ihrer Gesamtheit sind die **Umweltverhältnisse an der Nordsee** intakter als vielerorts anderswo, und das Zusammenwirken von Sonne (s. u.), Luft und Meer ist der menschlichen Gesundheit zweifellos förderlich, wie lange Erfahrungen gezeigt haben. Nicht in einem Ausmaß, dass *jedes* Gebrechen dadurch geheilt würde. Die Insulaner selber sind nie von Krankheiten verschont geblieben, sind es auch heute nicht.

Doch allein der Schub, den das menschliche Immunsystem durch seine Exponierung mit einer unvergällten Umwelt erhält, ist von unschätzbarem Wert und lässt manche Krankheit entweder gar nicht erst entstehen oder ohne äußeres Zutun verschwinden. Große Wunder tut das **Reizklima der See** nicht, kleine schon – und das auch ohne teure Zusätze wie „aktinischer Komplex, maritime Aerosolatmosphäre, thalassotherapeutisches Potenzial" und „thermisch-hygrisches Prinzip", mit denen die Beipackzettel der „weißen Industrie" aufgepeppt sind.

Eine Vielzahl der Kurgäste, die von ihren Ärzten zur Therapie an die Küste verschickt werden, leidet an **Allergien,** einer **Neurodermitis** oder **Atemwegserkrankungen** wie Bronchitis. Nicht selten an allen drei Krankheiten zugleich, die

Die Sache mit den Ionen

So ganz hundertprozentig möchten sich die ***Fachleute*** noch nicht auf einen therapeutischen Effekt der so genannten negativen Ionen festlegen. Dass etwas an der Sache dran ist, soviel womöglich, dass man die kleinen Dinger sogar schon als „Vitamine der Luft“ bezeichnet hat, wird andererseits von der Wissenschaft kaum bestritten.

Luft-Ionen sind negativ und positiv geladene elektrische Teilchen, die in etwa gleicher Anzahl, aber sehr ungleicher Verteilung in der Erdatmosphäre herumschwirren.

Auf ***positive Ionen*** reagieren Menschen überaus negativ, und umgekehrt. Föhnwinde sind ein extremes Beispiel. Sie tragen hohe Ladungen von positiven Ionen mit sich und führen deshalb zu den bekannten Wetterfühligkeitsproblemen, an denen viele Menschen kranken. Auch im Bereich menschlicher Eingriffe in die Umwelt sind die Plus-Ionen in der Überzahl, so in umbauten (vornehmlich betonierten) Räumen und im Dunstkreis miefender Kraftfahrzeuge und elektrischer Gerätschaften. Wie beim Föhn scheinen sie in hoher Konzentration den Organismus ernsthaft zu belasten – er reagiert mit Kopfschmerzen, Kreislauf-, Schlaf- und anderen Störungen, kurzum mit dem, was sich heute „Stress“ nennt.

Negative Ionen bewirken offenbar das genaue Gegenteil. Der Mensch, der sie einatmet, ist „gut drauf“; ein Wohlgefühl teilt sich seinem gesamten Organismus mit und führt zu gesunder Lebensfreude und guter Laune. Negativ ionisiert ist die Luft vor allem im Hochgebirge und an der See, und dort wiederum ganz speziell am Brandungssaum, weswegen man wohl einen besonderen Kick erhält, wenn die See kräftig an den Strand „bullert“ (Nordseehymne).

So genannte ***Ionisations-Apparate,*** elektrisch betrieben, gibt es auch für den Hausgebrauch. Eine feine Sache. Wenn draußen der Smog wegen zu vieler elektrischer Verbraucher unerträglich wird, verzieht man sich einfach nach drinnen und stöpselt das praktische Gerät ein ...

womöglich verwandte Ursprünge haben und in vielen Erscheinungsformen auftreten. Insgesamt sind vielleicht 20 Millionen Menschen in Deutschland als mehr oder weniger schwer Befallene zu bezeichnen – *ein Viertel der Gesamtbevölkerung!* Was haargenau diese epidemieartigen Gesundheitsstörungen auslöst, die (im Falle der Hautkrankheiten) von mildem Juckreiz bis zu akuten Phasen reichen und von denen sogar immer mehr Kinder betroffen sind, vermögen die Mediziner nicht zu sagen. Eine große Zahl von Ursachen kommt in Betracht, die sich wahrscheinlich mit einer überhandgenommenen „toxischen Gesamtsituation" erklären lässt. Gifte überall – im Essen, im Wasser, in der Atemluft, in der Erde, in der Gesinnung. Kleinste Quantitäten mitunter zwar, aber immer ist das Zeug da; es gibt kein Entrinnen.

Entsprechend können die Krankheiten nur symptomatisch behandelt werden, indem man die Patienten dorthin versendet, wo die Umwelt weniger toxisch ist. Das wirkt lindernd, aber greift nicht an die **Wurzel des Übels.** Den Zahlen nach zu urteilen, ist offenbar unsere ganze Lebensweise falsch – Norderney (ohne Autos) müsste eigentlich überall sein.

Licht und Schatten

Lebensborn Sonne

Die liebe Sonne! Wir nennen sie „lieb", weil keinerlei Lebensvorgänge auf Erden ohne die Sonne möglich wären. Wie gut sie uns tut, merkt man nach einem intensiv durchlebten Sonnentag am Strand, wenn sich dieses **million-dollar-feeling** einstellt, weswegen so viele Menschen gern ein Strahlenbad nehmen.

Sonnenlicht hilft bei der Umsetzung von **Vitamin D** durch die Haut und soll dieserart unter anderem der Entstehung von Brust- und Dickdarmkrebs vorbeugen, Krankheiten, die in sonnenreichen Ländern kaum zu finden sind. **Weitere Vita-**

mine (A, B2, C, D und E) werden durch Sonneneinstrahlung stabilisiert und tragen zur menschlichen Leistungsfähigkeit bei.

Direktes Sonnenlicht ist das wirksamste Mittel gegen die **Schuppenflechte,** an der zahllose Menschen leiden.

Auf verschlungenen Wegen erreicht es zudem unsere mitten im Kopf gelegene Zirbeldrüse oder **Hypophyse,** in der Forscher die Reste eines uralten Reptilienauges vermuten, und erzeugt dort Substanzen, die den bewussten Millionen Dollar noch ein paar draufsetzen.

Und damit nicht genug. Sonnenlicht lässt auch die **Lustkurve** steil ansteigen. Es ist also, scheint's, doch etwas dran am sonnenfrohen Latin Lover, denn Männer profitieren ganz besonders von unserem Zentralgestirn. Spermien mögen nämlich keine Wärme. Andersrum: Je wärmer es ist, desto mehr Spermien werden produziert, um die hitzegeschädigten zu ersetzen. Im Sommer kommt Bewegung in die Sache und somit auch in Mann und Weib – die perfekte Dröhnung!

Kehrseite der Medaille

Das ist die eine Seite. Die andere hält ebenfalls eine Dröhnung bereit, aber eine weniger wünschenswerte. Der ultraviolette Strahlungsanteil des Sonnenlichts ist im **Übermaß** nämlich gar nicht so gesund für den Menschen. Und diese tückische Variante hat in der jüngsten Vergangenheit ständig an Ausmaß gewonnen.

Verantwortlich dafür ist nach Übereinstimmung aller Forscher der ausdünnende Ozonschild des Erdballs. Die **Ozonschicht** über der Nordhalbkugel ist zwar weniger geschwächt als jene des Südens, von der man schon viel Freudloses gehört hat. Auch kann von einem „Ozonloch" gar keine Rede sein. Dennoch hat sie gleich ihrem Gegenpart durch gasförmigen Industrieabfall soviel Schaden genommen, dass sie für die gefährliche UV-Strahlung der Sonne durchlässiger denn je geworden ist. Wie schnell und gründlich UV-reiches Licht die Haut verbrennt, wird jedermann feststellen, der sich vor zehn Jahren mal eine Stunde in die Sonne packte und heute die Gegenprobe macht. Außerdem lässt es unsere irdische Hülle runzeln und altern. Zudem kann es zu Hautkrebs führen.

Hautkrebs

Hautkrebs ist die häufigste Tumorerkrankung des Menschen. In den westlichen Ländern hat sich sein **Vorkommen** seit den 30er Jahren, als Braun nicht nur in Deutschland zur Modeerscheinung zu werden begann, mindestens verzehnfacht. Vor allem sind ältere Menschen betroffen; aus den USA kommen jedoch Meldungen von immer mehr jüngeren Patienten, auch Teenagern. Die Saat für einen Befall wird schon früh gesät; ein Ausbruch erfolgt mitunter erst nach 10 bis 30 Jahren. (Besonders gefährdet ist die dünne Haut kleiner Kinder.) In der Bundesrepublik werden jährlich rund 120.000 Neuerkrankungen festgestellt, Tendenz steigend.

Ein Großteil dieser Tumoren sind so genannte **Basaliome** und **Spinaliome,** die bei Früherkennung ausgezeichnete Heilerfolge haben, indem man sie einfach herausschneidet.

Ein kleiner Prozentsatz wird jedoch vom **malignen Melanom** eingenommen, eine der gefährlichsten Krebsarten überhaupt. Zwar scheint der Zusammenhang zwischen Melanomen und der Sonne weniger ausgeprägt zu sein als bei den vorgenannten Varianten. Neuerdings bestreiten einige Wissenschaftler sogar eine solche Verbindung und bezichtigen die Kosmetikindustrie, entsprechende panikauslösende Theorien in die Welt gesetzt zu haben, um den Umsatz zu puschen. Bis die Kontroverse endgültig entschieden ist, sollte man aber vielleicht weiterhin lieber Vorsicht üben.

Ein Befall äußert sich zumeist mit einem leberfleckartigen schwarzen Mal auf der Haut, oft im Gesicht, bei Frauen auch häufig an den Beinen. Obwohl auch dieser Tumor in seiner frühesten Phase geheilt werden kann, ist die Gefahr seiner Metastasierung und der Ausweitung auf andere Organe groß. Ist es erst einmal so weit, sind die Chancen auf Heilung gering. Über 10.000 Deutsche, mehr werdend, erkranken jährlich an einem wahrscheinlich solarinduzierten „MM" (Malignes Melanom – Medizinerjargon), rund 2000 sterben daran.

Schutzmittel

Ist man mit **Sonnenschutzmitteln** vor Hautkrebs geschützt? Experten sagen ganz klar: nein. Denn entsprechende klinische Beweise stehen aus. Die Mittel schützen zwar vor Sonnenbrand, der die Entstehung von Hautkrebs beschleunigen *kann,* und insofern ist eine gewisse Prophylaxe gegeben. Man kann sich einen Hautkrebs aber auch ohne vorhergehenden Sonnenbrand zuziehen. Die Einreibemittel verleiten sogar dazu, warnen die Hautärzte, dass man sich länger als normal in der Sonne aufhält und dadurch ein höheres Krebsrisiko auf sich nimmt. Ihre Empfehlung: viel Creme, wenig Sonne, lange Konditionierung.

Der von den Fachleuten eingeforderte **Schatten** muss real sein. Ein wolkenverhangener Himmel lässt immer noch bis zu 80% der UV-Strahlung durch, und auch Kleidung bietet keinen perfekten Schutz.

Optimal ist ein **Sonnenschirm** – man lasse die Leute lachen und lästern. („Regnet doch gar nicht", oft gehört.)

Populär geworden sind so genannte Strandmuscheln, **Leichtzelte** zum schnellen Aufklappen. (Auf Norderney werden diese allerdings massig in die Dünen gepflanzt, auch in die geschützten, was nicht Sinn der Sache ist.)

Manche Gerätschaften sind entbehrlich. Selbst im totalen Schatten kommen noch solare Restposten an, Teile der so genannten Streustrahlung, die an der See besonders intensiv ist. Sie bräunt auf milde Art langfristig und lässt die Haut nicht welken und verkrebsen. Man mache sich, vornehmlich in den ersten Tagen, am besten das Schlagwort der leidgeprüften Australier zu eigen: *„Between eleven and three, slip under a tree"* – wenn die Sonne **zwischen 11 und 15 Uhr** am stärksten knallt, verschwinde man im Schatten.

Sonnenbrand

Und falls es doch zu einem Sonnenbrand gekommen ist? Keine Panik – der **Krebs** folgt jetzt nicht gleich auf dem Fuße. Er wäre, selbst wenn der Keim gelegt sein sollte, in diesem Stadium auch ohnehin nicht feststellbar.

Mit einem verbrannten Fell braucht man ergo **keinen Arzt** zu behelligen. Er kann kaum mehr tun als man selber.

Folgende **Hausmittel zur Linderung** der Beschwerden sind empfehlenswert: Prinzipiell sollte man nach jedem ausgiebigen Sonnenbad eine kühle, nicht zu kalte Dusche nehmen, auf alle Fälle bei einem Sonnenbrand. Bei leichtem Befall empfiehlt es sich, alsdann die (getrocknete) Haut mit Talcum einzupudern, gegebenenfalls ein reizloses Öl (Olivenöl) oder eine milde Salbe (Nivea) aufzutragen. Zinksalben helfen in schwereren Fällen. Blasen nicht öffnen – kann zu Infektionen führen –, sondern bei Beschwerden (nach dem bewussten Duschbad) feuchtkühle Kompressen auflegen. Grüner Tee ist besonders gut für diesen Zweck.

Als exzellentes Hausmittel gilt auch Honig; er heilt nicht nur, sondern wirkt sogar der Blasen- und Narbenbildung entgegen. Zunächst kühlt man die betroffenen Hautpartien intensiv unter fließendem kaltem Wasser. Danach wird (möglichst dünnflüssiger) Honig auf ein Leintuch gestrichen und damit die Verbrennung bedeckt. Den Honig nicht erwärmen, weil er sonst seine antibakterielle Wirkung verliert. Auf jeden Fall aber: Der Sonne fernbleiben! Der nächste Brand wird garantiert schlimmer, und man ist dem MM dann wirklich einen Schritt näher ...

Land und Leute

Kritisches von H. Heine

Heinrich Heine, der große Spötter, besuchte Norderney im August 1825, mehr noch dazu später. Es muss ihm auf der Insel gut gefallen haben, denn in den zwei folgenden Sommern war er schon wieder da. In seinen „Reisebildern" schildert er die Eindrücke seiner, wie man heute sagen würde, „fakultativen Ausflüge zu den Insulanern". Die Eingeborenen werden in diesen Berichten **wenig schmeichelhaft beschrieben,** denn *Heine* war nicht nur ein scharfer Beobachter, er nahm auch kein Blatt vor den Mund. Man merkt an rückblickenden Bemerkungen in der modernen Lokalliteratur, dass den heutigen Norderneyern die Chose nicht so recht passt, denn ihre Vorfahren werden als rechte **Neandertaler** geoutet. Sie hocken dick eingemummelt um das flackernde Feuer, verständigen sich, falls überhaupt, mit urwüchsigen Grunzlauten und trinken eine grausige Plörre, die sie Tee nennen, aber die sich, so *Heine,* „von gekochtem Seewasser nur durch den Namen unterscheidet".

Allerdings wird über diese peinlichen Passagen offenbar selten hinausgelesen, sondern gleich erzürnt zurückgebullert, der spitzzüngige Poet und recht gut aussehende Jungkerl habe sich auf der Insel als wüster Schürzenjäger betätigt. Was zu bezweifeln wäre. Womöglich ist nur seine **Ode „Die Nacht am Strande“,** die damals schon fast pornographischen Charakter besessen haben muss, der Anlass für solchen Schmäh. Ein vielsagender Auszug:

„Vater und Bruder sind auf der See,
Und mutterseelallein blieb dort
In der Hütte die Fischertochter,
Die wunderschöne Fischertochter.
Am Herde sitzt sie
Und horcht auf des Wasserkessels
Ahnungssüßes, heimliches Summen,
Und schüttet knisterndes Reisig ins Feuer
Und bläst hinein.
Daß die flackernd roten Lichter
Zauberlieblich widerstrahlen
Auf das blühende Antlitz,
Auf die zarte, weiße Schulter,
Die rührend hervorlauscht
Aus dem groben, grauen Hemde,
Und auf die kleine, sorgsame Hand,
Die das Unterröckchen fester bindet
Um die feine Hüfte.
Aber plötzlich, die Tür springt auf,
Und es tritt herein der nächtige Fremdling;
Liebessicher ruht sein Auge
Auf dem weißen, schlanken Mädchen,
Das schaudernd vor ihm steht,
Gleich einer erschrockenen Lilie ...“

Halt, wir unterbrechen, bevor es zum schockierenden Höhepunkt kommt! Geht der nächtige Fremdling der armen Deern nunmehr an die Wäsche und die feine Hüfte? Nein, keineswegs. In einem umwerfenden Antiklimax erbittet er nur einen „Tee mit Rum“, der Kälte wegen – Satire des reinsten Wassers.

Was *Heine* von den **einheimischen Jungfrauen** wirklich hielt, erzählt er an anderer Stelle, und deswegen sind ihm die Norderneyer auch wohl so gram: „Die Tugend der Insulanerinnen wird durch ihre Häßlichkeit und gar besonders durch ihren Fischgeruch, der mir wenigstens unerträglich war, vorderhand geschützt." Und falls dieselben „Kinder mit badegästlichen Gesichtern" in die Welt setzen sollten, müsse wohl etwas „Materialistisch-Mystisches" am Werke sein. *Heine* war der Ansicht, dass eher die „vielen unbedeckten Delikatessen" der Gäste den Appetit der „armen Insulaner, die noch in einem Kindheitszustande leben", wecken mussten – er schob den schwarzen Peter also der Gegenseite zu.

Anerkennung

Der Dichter findet aber auch anerkennende, ja bewundernde Worte. Die Ostfriesen beschreibt er als „flach und nüchtern wie der Boden", den sie bewohnen, aber mit einem **„Talent der Freiheit"** begnadet, das seinesgleichen sucht.

Und er begeistert sich auch für die **„altertümliche Lebensweise"** der damaligen Norderneyer, deren soziale Interaktionen ihm so natürlich gewachsen und ungekünstelt erscheinen, dass ihn angesichts der eigenen „geistigen Verlarvung" und der Einsamkeit und Entfremdung inmitten der brodelnden Zivilisationsgesellschaft ganz offensichtlich der Neid ankommt. Dies sind Beobachtungen, die einem merkwürdig modern erscheinen; sie hätten auch heute angestellt werden können – allerdings anderswo.

Dorfgemeinschaft

Man stößt in alten Milieubeschreibungen Norderneys in der Tat auf Anklänge an die Verhältnisse in heutigen Dorf- und Stammessozietäten der so genannten Dritten Welt: weitgehend heile Familienstrukturen, effektive Nachbarschaftshilfe, kompromisslose Solidarität untereinander, gemeinschaftlicher Unterhalt von Alten und Kranken, Kindern und Witwen. Das „Dorfauge" – ein Begriff aus der Soziologie – ist überall und wacht über Recht und Sitte. Eine **autarke Gemeinschaft,** die auf sich selbst gestellt ist und, ohne auf Regierung und fremde Herrschaft angewiesen zu sein, von ihren eigenen Ressourcen zehrt - schon *Heine* erkannte diese Art des menschlichen Zusammenlebens als ideal an. (Später übernahm es die Kirche, mit wechselndem Erfolg, die sozialen Verhältnisse zu ordnen.)

Bäderbetrieb

Nur 25 Jahre vor *Heines* Ankunft hatten sich die Insulaner noch wütend **gegen die neue Lebensart** gewehrt, die sie als „Gastgeber" zwar am boomenden Kurgeschäft teilhaben ließ, aber die einstigen freien Fischer in Wahrheit zu Bediensteten der Fremdenverkehrsindustrie machte, mit der die knorrigen Buttnasen überhaupt nichts am Hut hatten. „Ihre alte Sinneseinheit und Einfalt wird gestört durch das Gedeihen des hiesigen Seebades, indem sie dessen Gästen ständig etwas Neues ablauschen, was sie nicht mit ihrer altherkömmlichen Lebensart zu vereinen wissen." So noch einmal *Heinrich Heine*.

Viel hatte sich seit der Badgründung zum damaligen Zeitpunkt offenbar nicht verändert. *Heine* konnte sich glücklich schätzen, dass seine wilden Eingeborenen noch nicht zu flinken Kellnern und lauten Souvenirverkäufern mutiert waren - und er beschrieb sie entsprechend.

Feudalsystem auf dem Festland

Auf den Inseln vor der Küste unterschied sich das Leben stets von dem auf dem Festland. Dort, in **Ostfriesland,** hatte sich bereits zur Zeit *Karls des Großen* ein freiheitlich gesonnener Bauernstand herangebildet, der sich weder von weltlichen noch von kirchlichen Fürsten dreinreden ließ und diesen mitunter blutige Nasen verpasste. Schon im Mittelalter entstand unter den Friesen eine Art **Eidgenossenschaft** mit vorbildlichen Rechtsgrundlagen, von der sich die meisten anderen Regierungsformen Europas eine Scheibe hätten abschneiden können.

Später holten sich diverse Regenten zwar, was ihnen nach eigener Auffassung zustand. Das stolze Bewusstsein, „etwas Besseres", kleine „Fürsten" gar zu sein, behielten die **Besitzstände Ostfrieslands** aber bis in die jüngste Neuzeit bei. Den Rahmen dafür bildete eine ländliche Feudalstruktur nach dem Muster des ostelbischen Gutsbaronats, die oft an die Verhältnisse in „Onkel Toms Hütte" gemahnte.

Dieses System war eines Tages nicht mehr zeitgemäß und tragbar. Während es überall in der Bundesrepublik nach dem Krieg bergauf ging, führte die verkrustete Gesellschaftsordnung zwischen Ems und Jade zu allgemeiner Rückständigkeit und Verarmung. Im Zeichen dieser Unterentwicklung entstanden in den sechziger Jahren des 20. Jahrhunderts die ersten Ostfriesenwitze – Hochmut kommt vor dem Fall.

System auf den Inseln

Die Männer auf den Inseln waren in erster Linie **Seefahrer und Fischer** und von einem ganz anderen Schlag als die Festlandbewohner.

See- und Landleute haben von altersher gegensätzliche **Mentalitäten** besessen. Die ersteren empfanden – und äußerten – traditionell herzliche Verachtung für die „Buurn" mit ihren tausend Abhängigkeiten, und waren ihre Höfe noch so reich. Ausgesprochen niedrige Sympathien genossen auch immer typische Krämerseelen.

Hinzu kam, dass sich das Herrschaftssystem der Inseln völlig vom festländischen unterschied. Die Insulaner wurden damals der so genannten **vierten Bevölkerungsklasse** zugerechnet (zu der auch die Juden gehörten). Damit waren sie im Grunde rechtlos; zudem saßen sie auf Erbpachtland, das ihnen gar nicht gehörte. Sie genossen jedoch das Privileg, als einzige in deutschen Landen, keine Steuern entrichten zu müssen. Zwar führten sie einen jährlichen Obolus an den Landesherrn ab, aber dieser war eher freiwilliger Natur und bestand aus Naturalien wie Fisch und Möweneiern. Nur bei Schiffsstrandungen beanspruchte der Fürst einen Löwenanteil von zwei

Dritteln der geborgenen Güter und ließ diesen durch seinen Vogt auch eintreiben.

Das **Leben in der kleinen Gemeinde** wird in allen Schriften immer wieder als „demokratisch", sogar mit Vorbildcharakter, beschrieben. In Wahrheit war es jedoch zutiefst kommunistisch – einer für alle, alle für einen –, aber wer wollte solch ein Wort schon in den Mund nehmen?

Die Zeiten ändern sich

Als sich die Zeiten im 19. Jahrhundert änderten, erwiesen sich die **Nachteile,** die **diese Lebensart** mit sich trug, als hinderlich, da man nichts Vernünftiges gelernt hatte, um mit den neuen Verhältnissen fertig zu werden.

Zwar hatten manche Norderneyer gegen Ende des 18. Jahrhunderts damit begonnen, sich selbstständig in der Handelsschifffahrt zu engagieren, doch der Napoleonische Krieg setzte diesem Gewerbe bald ein Ende. Für andere **merkantile Tätigkeiten** mangelte es den Insulanern an Geschick und Initiative, was dazu führte, dass sie von ökonomisch überlegenen Außenseitern mitunter übers Ohr gehauen wurden (siehe Exkurs: Norderneys „Schwarzer Sonntag"). Es nimmt deshalb nicht wunder, dass sich die Sturköppe gegen das Korsett auflehnten, in das sie die Stadtfräcke mit ihrem Badebetrieb zwängen wollten und von dem sie sich mengenweise Unfreiheiten ausrechneten.

Sie ließen sich später, wenn auch nur murrend, überzeugen, dass man mit dem **Fremdenverkehr** gutes Geld verdienen konnte. Vorbei war's deshalb auch bald mit der gelobten Anspruchslosigkeit. Heute ist den Insulanern eine ausgeprägte **Neigung für den Kommerz** ja keineswegs abzusprechen. Das manchmal gehörte Schmähwort „Nordernepp" bezieht sich darauf, reflektiert aber nicht unbedingt den Stand der Dinge.

Von der Fischerei zum Badegeschäft

Die Entwicklung folgte ganz unausweichlich einer zwangsläufigen Dynamik. Lange war der **Norderneyer Angelschellfisch** ein anerkannter und geschätzter Markenartikel gewesen, der selbst auf den feinsten Speisekarten des Binnenlandes nie fehlte und den Inselfischern stets ein ganz ordentliches Einkommen bescherte. Reich wurde damit zwar keiner, doch im Jahre 1866 fingen 70 Schaluppen immerhin noch 1500 Tonnen Schellfisch, die fast das Doppelte wie der Bäderbetrieb einbrachten.

Als aber im letzten Viertel des 19. Jahrhunderts zunehmend **Fischdampfer** das Feld zu beherrschen begannen, geriet die noch unter Besegelung ausgeübte Kleinfischerei der Insulaner immer mehr ins Hintertreffen und verlor letztlich jegliche Rentabilität.

Norderneys „Schwarzer Sonntag“

Im Jahre 1877 fand auf Norderney eine Mini-Revolution statt, deren Dramatik gewisse Elemente von *Gerhard Hauptmanns* „Die Weber“ nicht entbehrt.

Der holländische Geschäftsmann *van Oterendorp* hatte auf der Insel den ***Fischhandel monopolisiert*** und diktierte in bester frühkapitalistischer Manier die Preise. Mehr noch: Er ließ Fischer aus den Niederlanden und dem Hamburgischen Finkenwerder für sich arbeiten; dadurch sanken die Abnahmechancen für die Einheimischen derart, dass sie ihre Fänge mitunter als Dünger in ihren Gärten vergraben mussten – unlauterer Wettbewerb *par excellence*.

Eine Deputation, die im Oktober ‘77 bei dem Holländer erscheint und diesen um Änderungen ansucht, wird verhöhnt und vor die Tür gesetzt. Mehrere Tage köchelt der Volkszorn auf kleiner Flamme. Am 28. Oktober bricht der ***Aufstand*** los. Etwa 200 Insulaner stürmen die im Hafen liegenden niederländischen Boote und hauen alles kurz und klein, wessen sie habhaft werden können – einschließlich der holländischen Fischer, die ihr Heil in der Flucht ins Wasser suchen. „Unter Gesang und Hurra“ zieht man alsdann ins Dorf zum Haus des verhassten Geschäftemachers. Dessen Habe, einschließlich kostbarer Antiquitäten, wird von den „Tumultanten“ ebenfalls zertrümmert und sogar (unabsichtlich) Feuer an das Haus gelegt, das die „Excedenten“ – diese Ausdrücke entstammen einer damaligen Chronik – aber selbst wieder löschen. Am nächsten Tag geht die Randale weiter. Der Holländer hat sich im Obergeschoss verkrochen, während „es unten fort-

Auch **verschwand der Fisch** aus verschiedenen Gründen aus den zuvor reich gesegneten Gewässern, und zwar in solch katastrophalem Maße, dass nicht einmal eine Subsistenzwirtschaft für den eigenen Bedarf aufrechterhalten werden konnte. Im Jahre 1900, just zuvor hatte man noch hoffnungsvoll eine Fischereischule gegründet, wurde nicht ein einziger Schellfisch gefangen!

Der Selbsterhaltungstrieb diktierte daher den Stellenwechsel ins Badegeschäft. Dass die Alteingesessenen mit der ihnen eigenen Knurrigkeit auch heute noch manchmal durchklingen lassen, wie wenig ihnen das passt, darf man ihnen nicht übelnehmen. Es ist keineswegs persönlich gemeint, und hinterher beim Tee (heute weniger grausig als zu Heines Zeiten) schmunzeln sie da-

tobt", seine Kinder haben sich „unter dem Sopha versteckt", die Frau liegt in Krämpfen, wie es damals halt so üblich war.

Letzten Endes reist eine ganze Horde von ***Gendarmen*** vom Festland an und verhaftet in den nächsten zwei Wochen 21 Mann.

Am 4. März 1878 wird 15 Teilnehmern in Aurich der ***Prozess wegen Landfriedensbruchs*** gemacht. Obwohl „der Vertheidiger sich warm für die Freisprechung einsetzt", tun die Richter dem Gesetz Genüge. Die zwölf Haupträdelsführer erhalten Zuchthaus- und die anderen Gefängnisstrafen. Ein zeitgenössischer Kommentar befindet dazu ein wenig theatralisch: „Staatsanwälte, deren sächsische oder schlesische Mundart die Verständigung mit den Insulanern erschwerte und die in den Insulanern noch so etwas wie Piraten und Strandräuber sahen, und Geschworene auf sicherem Grund und Boden mit gesichertem Einkommen befanden – weit ab vom Tatort – über Menschen, denen Nächstenliebe und Opfertod zur Natur gehörten, über Menschen, die ihnen in allem völlig artfremd sein mussten: einsatzbereit, bescheiden, genügsam, solidarisch, wortkarg und aufbrausend, wenn es um ihr angestammtes Recht, wenn es um ihre karge Existenz, ums tägliche Brot ging ..." Im Anschluss an den Spruch des Schwurgerichtes drückt der Inselvogt jedem Verurteilten die Hand und versichert ihm, dass für Frauen und Kinder gesorgt werde – die Inselgemeinschaft trage das.

Der Fischhändler und seine Flotte verließen die Insel und kehrten nie wieder zurück. Doch die Norderneyer waren danach ***Fremden gegenüber noch misstrauischer*** als zuvor und schlossen sich enger zusammen denn je. Man sah sich in der Ablehnung des „fremd Skiet" wieder einmal bestätigt. Reste dieser Geisteshaltung sind heute noch auszumachen, wofür (u. a.) dem lieben *Mijnher van Oterendorp* und den sächsischen und schlesischen Staatsanwälten zu „danken" ist.

rüber und finden es doch ganz gut, nicht bei Windstärke 10 mit dem Kutter auf der kalten Nordsee herumgurken zu müssen.

Hochdeutsch und Plattdeutsch

Platt wieder salonfähig

An der See und auf den Inseln spricht man „Platt". Es ist dies eine Abkürzung für Plattdeutsch, einer Sprache, die von der Ems bis an die Oder im gesamten Küstengebiet gesprochen wird und die in letzter Zeit eine regelrechte **Renaissance** erfahren hat. Plattdeutsch, das einst ein Dornröschendasein führte und nach manchen Vorhersagen vom Aussterben bedroht war, ist längst wieder salonfähig. Es wird parallel zu Hochdeutsch auf Schulen gelehrt, auf der Bühne „geschnackt", ist in Literatur und Musik vertreten und genießt an der Küste generelle Pflege.

Platt und Friesisch

Was aber heißt das eigentlich – „Platt"? Benutzer der Sprache hören es gar nicht gern, wenn selbige von Nichtkennern des Idioms als Medium „des platten Landes" eingestuft und der **Name Platt** davon abgeleitet wird. Das entspricht nicht der Wahrheit, und eine Interpretierung, die auf eine „plattgemachte", d. h. stark vereinfachte oder gar verflachte (hochdeutsche) Sprache deutet, noch weniger. *Plat* stand im Niederländischen des 16. Jahrhunderts (unter anderem) für „klar, deutlich, jedermann verständlich".

Mittels des „platten Deutschen" wurde der Unterschied zum **Friesischen** hervorgehoben, das schon damals an Bedeutung verlor und heute nur noch auf wenigen Sprachinseln an der Nordsee gesprochen wird. Friesisch und Plattdeutsch haben wenig mehr miteinander zu tun, obwohl sie einst gemeinsame Wurzeln hatten und einiges originäres Vokabular überleben konnte. Auch die Ost-Friesen sprechen schon lange nicht mehr Friesisch.

Platt erlernen

Wer die Sprache der Küstenbewohner erlernen möchte, besorge sich das **Büchlein** „Plattdütsch", das in der „Kauderwelsch"-Reihe dieses Verlags herausgegeben wird. Eine weitere Lernmöglichkeit bietet der **Comic** „Asterix & Obelix", der auch in plattdeutscher Sprache erscheint. Fortgeschrittene Kenntnisse sind aber erforderlich, um zum Beispiel die Römer als *Malbüdels* („Verrückte") zu identifizieren. Plattes gibt's sogar im **Internet.** Unter www.radiobremen.de kann man an niederdeutschen Lektionen teilhaben.

Grußprobleme

Ein Tourist tritt auf einen Ostfriesen zu und fragt: „Sagense mal, wie heißt das hier eigentlich?"

Erst nach einer längeren Pause bequemt sich der Angesprochene zu einer Antwort: „Wo dat hier heet? Dat heet ‚Moin, moin'."

Unverfälscht friesischen Ursprungs ist die herzige Formel **„Moin, moin",** mit der (fast) überall an der Küste auch völlig Fremde gegrüßt werden, und zwar zu jeder Tageszeit. Besucher aus dem Binnenland, von einem verballhornten Morgen ausgehend, nehmen den fröhlichen Gruß oft mit Ingrimm zur Kenntnis. „Moin, moin" am späten Abend – wollen die uns verarschen? Nein, wollen die nicht. Das Vokabular stammt aus Westfriesland, und ihm liegt das Wort *mooi* (= gut) zugrunde. Mit dem Gruß (auch kurz „Moin") wird also alles Gute gewünscht. Und darauf sollte man eigentlich nicht mit Ingrimm reagieren, sondern munter mit derselben Münze zurückzahlen. Allerdings ...

Allerdings haben die Norderneyer Insulaner kurioserweise einen ganz eigenen Gruß, nämlich ein breites **„Heeey"** (angeblich dem „seemännischen Ahoi" entlehnt, was kein Seemann sagt), für das sie offenbar großen lokalpatriotischen Stolz empfinden. So viel in der Tat, dass sie auf ein freundliches „Moin" auf Touristenart pikiert reagieren – wollen die uns verarschen? Dieserart hat sich auf Norderney eine Atmosphäre entwickelt, in der je-

Fischer und Bauer

Geert Harms aus Nördernee hatte vierzig Jahre bei der Hochseefischerei verbracht. Jetzt kannte er jeden Kabeljau beim Vornamen, und es reichte ihm. Gespart hatte er nichts, deshalb wollte er einen Landjob haben. Zum Arbeitsamt ging er gar nicht erst, denn was war da, gerade in Ostfriesland, schon zu holen? Also steuerte er Fokko Heiken, einen alten Bekannten, an und sprach also:

„Ich muss tja wohl langsam in'n Trockendock, Fokko. Has' du nich 'ne Tschans für mich?"

Fokko Heiken dachte lange nach, mindestens eine halbe Stunde. Dann sagte er:

„Du kanns' auf meine Schafe aufpassen. Aber das sind keine Heringe, die du in'n Netz zusammenbüdeln kanns', Geert. Geh nach'n Deich, und wenn du heute abend meine dreihunnert Schafe alle auf'n Hümpel has', dann kanns' du morgen anfangen."

Geert Harms verzog sich deichwärts, und am Abend machte Fokko Heiken die Probe aufs Exempel. Mit geübtem Rundblick stellte er fest, dass keines seiner Schafe fehlte. Gut, gut! Seltsam nur, dass sie alle im Kreis standen und irgendein Objekt in ihrer Mitte anglotzten. Dieses erwies sich bei näherem Hinsehen als ein völlig verängstigter Hase, der ratlos auf der Stelle hoppelte.

„Wat mokt he denn dor?" fragte Fokko Heiken verdattert.

„Tja", sagte Geert Harms voller Stolz. „Die großen, die waren leicht zusammenzukriegen. Aber dieser Lütte, der wollt' und wollt' nicht. Was meins' du, was ich mit den für Arbeit gehabt hab'!"

(Frei nach einer alten ostfriesischen Erzählung)

Platt:	***Hochdeutsch:***
Tschans	Chance (seem. für „Job")
Büdel	Beutel
Hümpel	Haufen
he	er
dor	da
lütt	klein

dermann wieder „Guten Morgen/Tag/Abend“ sagt wie in Berlin-Kladow und Wanne-Eickel und das küstentypische „Moin“ eher Veralberungs-Charakter besitzt. Dies wiederum hat dazu geführt, dass man sich selbst in tiefster Düneneinsamkeit schweigend aneinander vorbeidrückt. Und das ist eigentlich schade ...

Essen und Trinken

Massig Fisch

„Der Tisch des Insulaners, selbst des Wohlhabendsten, ist zu einfach, um den Gästen vom festen Lande behagen zu können, welche nur an irgend etwas mehr als ordinäre Kost gewohnt sind.“ So steht es in einem frühen Reisebericht. Die **Speisenfolge der damaligen Norderneyer** war in der Tat karg und beschränkte sich vor allem auf Fisch und nochmals Fisch. In besonders schlechten Zeiten gab es allenfalls einmal Muscheln nach dem Motto: „Mussel is ‘n good Fis, wenn dor anners niks is“. Oder aber man labte sich an Granat, wie die schmackhaften Nordseegarnelen im Ostfriesischen heißen. Fleisch galt als Naschwerk für besondere Anlässe, und Gemüse aus kleinen Gärten war rar. Mehl für Brot kam vom Festland, keineswegs immer.

Gefahr in Muscheln

Merke: Alle Muscheln der Nordsee sind essbar, auch roh. Verzehrt werden heute überwiegend Miesmuscheln. Man sollte diese jedoch nur in Monaten, die den Buchstaben R enthalten, zu sich nehmen. Zu anderen Zeiten besteht die Gefahr einer so genannten Planktonblüte. Diese selbst ist für den Menschen unschädlich, kann aber die Muscheln über die Nahrungskette giftig werden lassen. Das dann entstehende Gift Saxitoxin ist kochstabil und hat das Potenzial, schon in kleinsten Mengen zu tödlichen Atemlähmungen zu führen.

Gegen die schlichte Lebensweise der alten Norderneyer ist prinzipiell überhaupt nichts einzuwenden. Wir wissen ja heute, dass überwiegend **fischverzehrende Völker** (Isländer, Japaner, Polynesier) zu den gesündesten und langlebigsten der Welt gehören (sofern einige Beigaben diese Nahrung ergänzen). Für die damaligen Insulaner ging damit womöglich ein Bonus einher, von dem bereits in der Bibel die Rede ist. Dort beschreibt der König *Herodot* nämlich die Ichthyophagen (Fischesser) als besonders fruchtbar. (Auch das hat sich als korrekt erwiesen; verantwortlich dafür zeichnet das reichlich in Seafood enthaltene Element Zink, das die Libido in Schwung hält.) Über Kindermangel konnte man jedenfalls nicht klagen. Obwohl mehr als durchschnittlich viele „gebliebene" Fischer und Seeleute ihre Frauen zu Witwen machten und auch Seuchen wie die Pocken ihren Tribut forderten, nahm die Inselbevölkerung früher ständig zu ...

Also kräftig Fisch essen! Das **Angebot auf Norderney** ist reichlich, nach wie vor. Allerdings handelt es sich dabei keineswegs immer um frisch angelieferte Fänge einheimischer Fischkutter, deren Zahl ohnehin vernachlässigbar ist. Vieles von dem, was letztlich auf dem Seafood-Teller landet, kommt tiefgefroren aus Holland oder Dänemark. An der Qualität dieser Ware ist zwar kaum zu rütteln, aber die „fangfrische Kutterscholle" entstammt eben nicht einem Norderneyer Seefahrzeug.

Matjes

Ebenfalls ausländischer (oder Emder) Herkunft sind zumeist die leckeren *Matjes,* **junge Heringe,** *roh* in einer Salzlake fermentiert und ohne weitere Zugaben verschlingbar.

Diese Aufforderung ist wörtlich zu nehmen. Man kann einen Matjes nämlich am Schwanz packen und mit einem Minimum an Kaubewegung „die Luke runterrutschen lassen", ohne einen kulinarischen Fauxpas zu begehen, denn das ist die akzeptierte **Form des Verzehrs.** Im Restaurant macht man das allerdings nicht, zumal Pellkartoffeln, Zwiebelringe und saure Sahne, die üblichen Beilagen, dabei hinderlich wären.

Granat

Die bewussten Granat, **kleine Nordseekrabben** oder -garnelen, stammen dagegen mehrheitlich aus den Seegebieten um Norderney.

Man kann auf Fangfahrten mitmachen, um sich selbst davon zu überzeugen, oder man kann versuchen, am Hafen eine Portion **direkt ab Schiff zu kaufen.** Die Krabben werden nämlich schon an Bord in Seewasser gekocht und sind bei Anlandung verzehrfertig.

Granatteller

Nur **„puhlen“,** so das Küstenwort, muss man sie noch selber: den Kopf abdrehen, den Körperpanzer abwickeln und den Schwanz abziehen. Anfänger puhlen sich hungrig, aber Übung macht den Meister. Außerdem spart Eigeninitiative hier viel Geld. (Wenn andere diesen zeitaufwendigen Job bereits verrichtet haben, steigt der Preis der Krabben um ein Mehrfaches.)

Granat besitzt einen leckeren **Eigengeschmack** und benötigt keinerlei Beigaben. Wer sich Ketchup auf sie kleckert, sollte am besten gleich bei Pommes mit Majo bleiben.

Eimerweise Tee

Und was trinkt man an der Küste? *Tee!* Diese Neuheit aus dem fernen Asien wurde **im 17. Jahrhundert eingeführt,** um den Insulanern und Hinterdeichlern das Schnapssaufen abzugewöhnen, und die Pastoren, die dahintersteckten, hatten mit ihrer Reformation auch guten Erfolg. Schon bald verlangte man zwischen Leer und Jever nach

nichts anderem. Scherzkekse behaupten sogar, dass die Ostfriesen von der französischen Revolution ganz besonders angetan waren, weil ihnen das Schlagwort *Liberté* so gut gefiel, das sie als „lieber Tee!" interpretierten.

Sie hatten jedoch bereits zu einem frühen Zeitpunkt ihren ureigenen Wahlspruch: „Dree is Ostfreesenrecht!" Wenn man schon mal saß, konnte man mindestens drei Tassen des edlen Getränks verlangen. Und das gilt noch heute. Nur dass man sich nach dem weiteren Motto „ostfriesische Gemütlichkeit hält stets ein Tässchen Tee bereit" mehrmals am Tage für diese drei Tassen niederlässt und insgesamt mithin ein ganz stattliches Volumen zusammenkommt. Ostfriesland steht mit einem jährlichen **Prokopfverbrauch** von 3,5 kg Trockentee einsam an der Bundesspitze.

Das **Ritual,** das in Deutschlands Nordwestecke mit dem goldbraunen Getränk angestellt wird, übertrifft sogar die japanische Teezeremonie an Umständlichkeit. Wer sich als rechter Kenner einstuft, benutzt nur weiches Regenwasser für die Zubereitung. Das *Stövje,* ein Mini-Samovar, hält die aufgebrühte Labe auf Temperatur.

Der Gastgeber schenkt sich zuerst ein, der ärgerlichen Teeblätter wegen, und auch wohl, damit sich seine Gäste anschauen können, in welcher **Reihenfolge** die alleinseligmachende Methode abläuft: Zuerst kommt ein *Kluntje* (Kandiszucker) in die Tasse, dann der Tee, und dann die dicke Teesahne.

Um Himmels willen **nicht umrühren!** Schlimmeres, Mord und Totschlag gerade mal ausgenommen, kann man in Ostfriesland kaum anrichten. Derart jedenfalls verhalten sich die Eingeborenen, wenn man diesen erschröcklichen Stilbruch begeht. Sollte umgerührter Tee wirklich *so* schlecht schmecken? Manche Touristen begehen das Sakrileg aus reinem Trotz, weil sie nicht Sklaven der Tradition sein wollen. *Leever dood as Sklav* – nur weiter so!

Insel-Info A–Z

Wichtige Adressen

- PLZ: 26548 plus diverse Postfach-PLZ.
- Vorwahl: 04932.

- **Kurverwaltung** des Staatsbades Norderney: Tel. 891-0, Fax 891135; www.norderney.de. Geöffnet Mo–Fr 9–12 Uhr.
- **Informationszentrum** und **Zimmervermittlung:**
  - Norderneyer Verkehrsbüro GmbH, Bülowallee 5, Tel. 891300, Fax 819320, zimmervermittlung@norderney.de Geöffnet Mo–Fr 9–12.30 und 14.30–18, Sa 10–12.30 Uhr. Im Sommer erweiterte Öffnungszeiten.
  - Norderneyer Vermietbüro, Tel. 92999.
  - Norderney by Freecall: 0800-667337639.
  - www. norderney-urlaub.de, info@norderney-urlaub.de
- **Servicetelefon:** 04932-891122 (NorderneyCard, Fährtickets, Strandkörbe).
- **Kurmittelhaus:** Weststrandstr. 2. Hier finden die „Anwendungen" statt. Termine: Tel. 891162. Ein privates Kurmittelhaus („Waterkant") befindet sich in der Kaiserstr. 6, Tel. 800400.
- **Kurhaus:** Am Kurplatz, Tel. 891136.
- **Haus der Insel:** Veranstaltungs- und Tagungszentrum, Tel. 874182, Fax 874181.
- **Notrufe**

- Feuer	112 und 920136
- Krankenhaus	8970
- Krankentransport	567
- Polizei (Knyphausenstr. 7)	110 und 92980
- Rettungswacht (Boot)	2446

- **Schiffsauskunft:** Kontor der Reederei Norden-Frisia im Haus Schiffahrt, Tel. 913-0, Fax 91310.
- **Bahnauskunft:** Dienststelle der Bahn AG im Haus Schiffahrt, Bülowallee 2, Tel. 611. Dort gibt's Infos und Tickets. Auskünfte, Vorbestellungen und Reservierungen auch über DB Emden, Tel. 04921-19419.
- **Flugauskunft:** Flugplatz Tel. 2455. Buchungen: *Frisia,* Tel. 913-0 (Haus Schiffahrt) oder 541 (Flugplatz).
- **Reisebüro:** TUI-Reiseleitung, Unter den Kolonnaden am Kurplatz, Tel. 891155, Fax 891140.

Ärzte, Kliniken und Apotheken

Ärzte

- **Dr. med. M. Beermann**
  Fachärztin für Innere Medizin
  Adolfsreihe 2, Tel. 92400
- **Dr. med. K. de Boer**
  Facharzt für Allgemeinmedizin, Badearzt
  Moltkestr. 8, Tel. 2388
- **Dr. T. Bomhard**
  Facharzt für Frauenheilkunde und Geburtshilfe
  Mühlenstr. 1, Tel. 84266
- **W. Götze**
  Prakt. Arzt, Badearzt
  Moltkestr. 8, Tel. 2388
- **Dr. med. Frank Huwe**
  Facharzt Allgemeinmedizin, Chirotherapie, Badearzt
  Adolfsreihe 2, Tel. 927083
- **Barbara Junkmann-Brüggemann**
  Fachärztin für Hautkrankheiten, Allergologie, Badeärztin
  Adolfsreihe 2, Tel. 991300
- **Dr. med. Jutta Neupert**
  Fachärztin für Hautkrankheiten, Allergologie, Badeärztin
  Kaiserstr. 1, Tel. 990966
- **Dr. med. P. Oswald**
  Facharzt für Allgemeinmedizin/Betriebsmedizin
  Wilhelmstr. 5, Tel. 3000
- **Dr. med. O. Weber-Beermann**
  Facharzt für Innere Medizin
  Adolfsreihe 2, Tel. 92400
- **Dr. med. J. Wehner**
  Facharzt für Kinderheilkunde und Allergologie, Badearzt
  Mühlenstr. 1, Tel. 1013

Zahnärzte

- **Beate Luis**
  Poststr. 1, Tel. 991201
- **Dr. med. dent. H.G. Willms / L. Cakir**
  Jann-Berghaus-Str. 26, Tel. 1313
- **Dr. med. dent. I. Zovko**
  Ellernstr. 8b, Tel. 3999

Tierärzte

- **Dr. med. vet. K.-L. Solaro und K. Solaro**
  Tierärzte, Fischerstr. 8, Tel. 82218

Kliniken und Krankenhäuser

- **Dr.-von-Halem-Krankenhaus**
  (Krankenhaus der Stadt Norderney)
  Mühlenstr. 1, Tel. 897-0
- **Allergie- und Hautklinik Norderney**
  Lippestr. 9–11, Tel. 8050
- **Klinik Norderney der LVA Westfalen**
  Kaiserstr. 26, Tel. 8920

- **Kinderkrankenhaus Seehospiz „Kaiserin Friedrich"**
Klinik für Kinder- und Jugendmedizin
Benekestr. 27, Tel. 8991
- **Nordseeklinik Norderney**
Fachklinik für Haut- und Atemwegserkrankungen
Bülowallee 6, Tel. 880

Apotheken

- **Kur-Apotheke**
Kirchstr. 12, Tel. 927000
- **Park-Apotheke am Kurplatz**
Adolfsreihe 2, Tel. 9287-0
- **Rathaus-Apotheke**
Friedrichstr. 12, Tel. 588

Der ärztliche Wochenendnotdienst sowie die Sonntags- und Notbereitschaft der Apotheken sind der Freitagsausgabe der „Norderneyer Badezeitung" zu entnehmen.

Einkaufen

Norderneys Geschäfte sind 9–13 und 15–18 Uhr **geöffnet,** Sa (außer im Sommer) nur morgens. Die Mittagspause wird immer und überall peinlich genau eingehalten. Es gibt mehrere Lebensmittelmärkte, dazu Fleischereien, Bäckereien („Bio": Jacobs und Strandstraße) und Fischgeschäfte. Die **Preise** sind etwas höher als auf dem Festland, aber nicht in fühlbar belastendem Maß. Wer Probleme mit den Beinen hat, kann sich alles Nötige auch über einen **Hauslieferdienst** herbeischaffen lassen: Tel. 8720.

Fortbewegung

Auto

Von Ende März bis Anfang November und von Weihnachten bis eine Woche nach Neujahr sind die **Zonen 1 und 2 des Stadtgebietes** (siehe Stadtkarte im Umschlag) grundsätzlich für Motorfahrzeuge gesperrt. Um dann seine Unterkunft in diesen Zonen zu erreichen, erhält der Automobilist während der Überfahrt eine Ausnahmegenehmigung. Diese berechtigt ihn zum Befahren des

Sperrgebietes für den Zeitraum von einer Stunde nach Ankunft der Fähre.

Ganzjährig gilt in den beiden Zonen ein Halteverbot (außerhalb der Sperrzeit nur mit Parkscheibe und dann nur bis zu einer halben Stunde) und Tempo 30.

Im **äußeren Bezirk (Zone 3)** gilt ein ganzjähriges Nachtfahrverbot (20–6 Uhr) für Motorräder, Mopeds und Mofas. Außerdem dürfen die Süd-, Südhoff-, B.-Willi-Lührs- sowie Teile der Jann-Berghaus- und Richthofenstraße und Am Wasserturm von 20 bis 8 Uhr nicht mit Kraftfahrzeugen befahren werden.

Lkw unterliegen weiteren Beschränkungen. Im Bedarfsfall sind Anträge auf Sondergenehmigungen an das Straßenverkehrsamt Aurich zu stellen.

Für **Wohnmobile** gilt Norderney als so genanntes Endziel; d. h. nur Campingplätze dürfen benutzt werden. Das Abstellen von Wohnmobilen und das Übernachten darin ist auf Parkplätzen und im Hafengelände nicht erlaubt.

Bei Abreise muss möglichst frühzeitig im Haus Schiffahrt eine Reservierung für die Fähre getätigt werden. Die bei der Ankunft ausgehändigte Ausnahmegenehmigung gilt in Verbindung mit der Platzkarte auch für die Abreise. Der Fahrzeughalter trägt Abreisedatum und -zeit auf der Karte ein und kann alsdann seine Unterkunft ansteuern, um sein Gepäck einzuladen. Danach geht es stehenden Fußes zum Hafen, denn das alles muss innerhalb von einer Stunde vor Abfahrt der Fähre stattfinden. Die Anfahrt per Auto also vielleicht doch noch einmal durchdenken ...

Am Ortseingang stehen **drei große Parkplätze** zur Verfügung. Alle drei sind gebührenpflichtig.

Wer Parkplatz C in der Nähe der Fähre benutzt und einen etwas längeren Fußweg zur Stadt in Kauf nimmt, zahlt am wenigsten. A und B sind „normale" Abstellplätze, auf A gibt es direkt vor der Innenstadt jedoch einen Bereich zum Kurzparken. Ein Wächter und Einweiser ist von Frühjahr bis Herbst rund um die Uhr zu sprechen. Er kann Fahrern mit einer außergewöhnlichen Gehbehinderung (aG, blaue Plakette) auch einen Stellplatz auf A verfügbar machen. Und er hat sogar ein Telefon: 82277.

Es gab bis vor einiger Zeit noch einen Parkplatz in der Knyphausenstraße (beim Polizeigebäude), an den Oldtimer sich vielleicht erinnern. Dieses Schlupfloch ist inzwischen gestopft worden.

Nur noch ein kleiner Hinweis: Während das Gefährt ohnehin stillsteht, kann man vielleicht fällige **Reparaturen** an ihm verrichten lassen. Dafür bietet sich an: die Kfz-Werkstatt *Bodenstab*, Hafenstr. 6, Tel. 93800.

Taxi

Taxis sind unter den **Telefonnummern** 533, 2345, 3333 und 92266 zu erreichen. **Sammelpunkte** sind am Rosengarten und am ZOB beim Wasserturm. Oder man hält eines auf der Straße an; es sind ständig welche unterwegs. Vom streng angemahnten Tempo 30 scheinen die Norderneyer Kraftdroschkenkutscher nicht viel zu halten. Aber Taxis haben's ja auch immer besonders eilig, gell?

Busse

- Der **„Ringverkehr Norderney"** klappert mit zwei Linien in etwa stündlichen Abständen von ca. 8 bis 22 Uhr alle Stationen im Stadtgebiet (außerhalb des Fußgängerbereichs) ab. Für Inhaber der NorderneyCard ist dieser Dienst gratis.
- Ein **Linienbus** fährt vom ZOB am Wasserturm 9mal täglich (im Sommer) zum Restaurant Oase (FKK-Strand) und/oder Weiße Düne und retour.

Fahrradverleih

Fahrräder kann man auf Norderney massenweise mieten. Mit dem einfachsten Typ (Hollandrad) kommt man bestens aus, und mangels Mountains kann man sich das fast doppelt so teure Mountainbike deshalb getrost sparen.

- **Charly's Freizeitcenter** (Im Gewerbegelände 1, Tel. 2858): Größtes Angebot, freundlicher Laden. Kinderspielplatz und Minigolf gleich dabei, und Pizzen gibt's auch.

- **Kurt's Fahrradshop,** Lipperstr. 17, Tel. 1820.
- **Heinz Grönsfeld** (Lange Str. 15, Tel. 1610): Solides Geschäft, mitten in der Stadt.

Preise (ungefähr maßgeblich für alle Geschäfte):

A Hollandrad
B Mountainbike
C Fahrradanhänger
D Kinderkarre für 1 Kind
E Kinderkarre für 2 Kinder
F Bollerwagen

Zeitdauer	A	B	C	D	E	F
1 Std.	1,50 €	3 €	5,50 €	2,50 €	3 €	3,50 €
1 Tag	5 €	8 €				
2 Tage	10 €	16 €				
3 Tage	14 €	20 €				
4 Tage	18 €					
5 Tage	21 €					
6 Tage	22,50 €					
1 Woche	23,50 €	35 €	25 €	12,50 €	15 €	17,50 €
2 Wochen	41 €					
3 Wochen	47,50 €		52,50 €			42,50 €
4 Wochen	55 €					

Go-Carts (Tretmobile) kosten 4–8,50 €/Std. je nach Größe. Pfand pro Fahrrad: 5 €. Außerdem wird eine Reinigungsgebühr von 5 € erhoben, wenn die Räder stark verschmutzt zurückgeliefert werden.

Das Fahrradfahren ist verboten in der Fußgängerzone, auf der Kurpromenade und am Strand. Auf letzterem nicht nur, weil zahllose Fahrräder sich zwischen Wanderern und Badegästen sehr störend auswirken würden, sondern weil Sand und Salzwasser ausgesprochen schädlich selbst für das robusteste Rad sind.

Bei den Jugendherbergen gibt es Leihräder umsonst. Aber wie lange noch? Des öfteren stößt man im Gelände auf weggeworfene, mitunter auch mutwillig demolierte Räder.

Reiten

Für manche Menschen mag eine gewisse Schmerzgrenze vis-à-vis einer nicht unbeträchtlichen **Schar von Berittenen am Strand** und in den

Dünen bereits erreicht sein. Es hat auch in der Tat Klagen bei der Kurverwaltung gegeben, nachdem Spaziergänger sich massiv von Ross und Reiter (und vielleicht auch deren beider Geruch) bedrängt oder von den vielen Pferdeäpfeln gestört gefühlt hatten.

Dass auf jedem Pferd keineswegs ein Ritter sitzt, hat sich in der Praxis gezeigt. Weniger wohl ist offenes Rowdytum der Anlass für gelegentliche Klagen gewesen, sondern fehlplatziertes **elitäres Bewusstsein** der Galoppierer, nach dem Motto: „Aus dem Weg, hier komm' ich!" Man ist auf dem hohen Ross ja immerhin gut einen Meter größer als die Umwelt, und einige Leute können mit diesem Status offenbar nicht so recht fertig werden.

Von diesen paar Misstönen einmal abgesehen, ist das Verhältnis zwischen Fuß- und Sattelvolk auf Norderney jedoch recht ungetrübt. Die Gäule passen gut in die Landschaft und liegen auch mit dem **Naturschutz** nicht überkreuz. Sie stören, sofern intelligent gelenkt, kaum jemanden und sind das ökologisch unbedenklichste Fortbewegungsmittel außer den eigenen Füßen – es wäre sogar wünschenswert, dass sie gänzlich die Autos ablösten. (Ökologisch fragwürdig ist allerdings schon wieder, wenn so genannte Jagdreiter ihre Rosse über Hunderte von Kilometern an die Nordseeküste kutschieren.) Die organischen Hinterlassenschaften belasten indes in kaum nennenswertem Maß die Umwelt, und die angestellten „Flurschäden" sind gering; am Strand beseitigt sie die nächste Tide bereits. Die Pferde bringen Geld in die insularen Kassen, und sie schaffen Jobs: Im Mittel einen auf vier Rosse, mehr als im Kohlebergbau, und das ganz ohne Subventionen. Alles in allem nur Pluspunkte – nur die Reiter selber können sich's verderben.

Zu Fuß

Der „Perpedes der Luxusklasse" ist das ideale Vehikel, die Insel gewinnbringend zu erkunden. Man sieht viele Kurgäste, die dieses Credo sehr ernst

nehmen. Angetan mit Kniebundhose und schweren **Geländeschuhen** schreiten sie ruhig-fest den Sandstreifen ab, wohl wissend, dass Bein und Fuß in einer rauen Umwelt gut geschützt sein wollen.

Das Angebot an „richtigen" Schuhen ist hierzulande so ungeheuer groß, dass man leicht in Versuchung gerät, nur an die Schuhe und nicht an die Füße zu denken. Man sollte eigentlich, statt sich seit frühester Jugend in ungefüge Fußkähne zwängen zu lassen, wie weiland Tom Sawyer und Huckleberry Finn die Kindheit mit **nackten Sohlen** durchmessen und diese Praxis auch als Erwachsener möglichst oft fortführen. Um den verlorenen Touch mit der Mutter Erde ist es ebenfalls jammerschade. Da wir aber im Alltag oft genug zum Tragen von Schuhen gezwungen sind, sollten wir die Gelegenheit eines Inselaufenthaltes zum ausgiebigen Barfußlaufen nutzen.

Ein berühmter (nicht Norderneyer) Insulaner, *Alexander Selkirk* (alias Robinson Crusoe), verdankte sein Leben seiner Leichtfüßigkeit, weil er barfuß stets den Wettlauf mit den Inselziegen gewann und auch den schwer bestiefelten Spaniern davonlief, als die Jagd auf ihn machten. Aus jüngerer Zeit stammt das schöne Beispiel des 75-jährigen Aborigenes *Jack Jugari*, der Survivalpapst *Rüdiger Nehberg* und den mit kompletter High-Tech ausgerüsteten US-Marathonläufer *David Cowey* in der australischen Wüste locker abhängte – barfuß.

Kann man dahin zurückfinden, mit beiden Füßen auf die Erde? Gewiss – lediglich die Gewöhnung macht's. Hilfreich für die **Fußfitness** ist häufiges Gehen in nassem Gras und in Seewasser. Eine Behandlung (über mehrere Tage hinweg) mit zerstampften Efeublättern in warmem Wasser mit einem Schuss Essig trägt zur Härtung der Sohlen bei. Dazu einige Strandpraxis, und der Tag kommt dann bald, an dem man nicht mehr – so das häufigste Antibarfuß-Argument – vor Glasscherben bibbern muss.

Führungen und Rundfahrten

Busrundfahrten Mit dem Bus auf Inseltour! Di, Fr und So je um 11.30 Uhr „zu den schönsten Punkten der Insel mit interessanten Erklärungen". Die Tour dauert 1½ Std. und kostet 8,50 € für Erwachsene und 5 € für Kinder bis 12 Jahre. **Info:** *Bus Fischer,* Tel. 927910, oder *Tjaden,* Tel. 927144.

Öko-Touren Das **Nationalparkhaus Norderney** hat von Mai bis Oktober die folgenden Veranstaltungen im Programm (jeweils gegen einen Unkostenbeitrag):

- **Di:** Naturkundlicher Rundgang mit Bestimmung von Strandfunden und Ausführungen zur Entstehungsgeschichte der Insel. Ca. 1½ Std., Treffpunkt im Nationalparkhaus am Hafen.
- **Mi:** Spiele am Strand und leichte Naturkunde für Kinder (ab 6 Jahre). Ca. 1½ Std., Treffpunkt s.o.
- **Do:** Naturkundliche Führung entlang einer Salzwiese. Ca. 1 Std., Treffpunkt am Salzwiesen-Lehrpfad (Stationstafel 1) am Surferbecken.

Die Touren finden jeweils um 14.30 Uhr statt. Um Voranmeldung wird gebeten (Tel. 2001). Außerdem bietet das Haus nach telefonischer Absprache für Gruppen ab 5 Personen (gegen einen Unkostenbeitrag) diese **Programme** an:

- Dreistündige **Radtour** über die Insel
- **Naturkundliche Strandwanderung**
- **Naturkundliche Salzwiesen-Exploration**
- **Ornithologische Exkursion;** Vogelbeobachtung „mit dem Spektiv"
- **Naturkundliche Wanderung zum Ostende** der Insel
- **Fahrradrallye** über die Insel
- **Führungen durch die hauseigene Ausstellung**
- **Videovorführungen,** Diaschau

Rundflüge Mit der *Frisia* kann man Norderney aus der Luft erkunden. **Info:** Flugplatz Norderney, Tel. 541.

Schiffstouren

Die Reederei *Frisia* unternimmt mit vernünftigen Schiffen Sommerfahrten von Norderney nach (Preise in €):

Ziel	Erw.	Kind (4–12 J.)	Familie
Baltrum	14 €	8 €	
Helgoland			
mit CAT 1	46 €	36 €	128 €
mit „Funny Girl"	28 €	19 €	78 €
Juist	14 €	8 €	
Langeoog19 €	10 €		
rund um N'ney	14 €	8 €	
Seehundbänke	9 €	5 €	

Auskünfte und Fahrkarten gibt es bei:

- **Agentur G. Wedermann,** Marienstr. 20, Tel. 2802 und 569.
- **Kiosk am Hafen.**
- **Niemeyer Zigarren,** Strandstr. 1, Tel. 2264.
- **Reederei Norden-Frisia,** Haus Schiffahrt, Tel. 9130.

Stadtführung

2½ Stunden lang kann man sich unter Führung von *Lothar Hohnroth* die urbanen Höhepunkte Norderneys zeigen lassen. **Info:** Tel. 2159.

Wattwanderungen

Das Wattwandern hat auf Norderney **Tradition.** Die relativ geringe Distanz zum Festland (mindestens 4 km) begünstigte seit eh und je den Fußverkehr zur Insel, und in jüngerer Vergangenheit führte die Faszination der Badegäste für die urwüchsigen Verhältnisse im Watt zu wachsender Beliebtheit fachkundig geleiteter Touren in die platte Schlick- und Sandwelt. Der Begeisterung mussten in den letzten Jahren sogar Zügel angelegt werden, indem man die maximale **Zahl von Teilnehmern** in einer Gruppe auf 30 beschränkte – immer noch ein ganz schöner Haufen.

Die kräftig profitorientierten „staatl. gepr." **Wattführer** hatten nämlich stets größere Scharen in den Matsch geführt. Ein Komiker unter ihnen, berichtet die (ungeschriebene) Chronik, sammelte impromptu Touristen in Norderney Town ein und nahm sie mit in den Gubbel - in Pelzmantel und Stöckelschuhen. Zwei andere (konkurrierende) Guides gerieten sich im Feld aus Futterneid in die Haare und tauschten, jeweils angefeuert von der eigenen Gruppe, Watschen aus. Solche Happenings - anders kann man sie kaum nennen - finden heute leider nicht mehr statt, eigentlich schade drum. Im Programm sind jetzt die folgenden Touren (ca. 2 Stunden, Preise ab 3 € für Erw., Kinder die Hälfte, inkl. Busfahrt).

- **Naturkundliche Wattführungen:** Norderneys „Hausornithologe" *Dr. Manfred Temme* führt geschlossene Gruppen (Schulklassen aller Alterstufen, Studenten, Naturschutztagungs-, Seminar-, Leistungsteilnehmer u.a.) in die schlickige Wildnis und gibt lebendige Erläuterungen auf wissenschaftlicher Basis zum Biotop Watt mit seiner vielgestaltigen Fauna und Flora. Preise (in Abhängigkeit von der Gruppenstärke) und Termine erfährt man über Tel. 1277. Falls sich dort niemand meldet, mal diese Alternative versuchen: *Busching*, Tel. 2285.
- **„Reguläre" Wattwanderungen:** *Willy Martens* („Käpt'n Willy"), Im Gewerbegelände 9, Tel. 2278.
- **Wanderungen mit größeren Gruppen** (ca. 20 Personen): *Eduard Fokken*, Luciusstr. 22, Tel. 991155.
- Mit *„Brigitte"* (Führerin) zu den **Muschelbänken** und ins Watt, Tel. 2116/2278.
- **Wattwanderungen vom Festland zur Insel:** Siehe Anreise.

Gastronomie

Preisliste anno 1851

Mittagstisch	Groschen	Pfennig
1. an der Table d'hôte pro Person	14	
außerdem von jedem Herren für Musik	2	
Kinder unter 14 Jahren	7	
2. Mittagsportion außer Haus:		
a) sämtliche Gerichte wie Table d'hôte		16
b) Suppe, Gemüse, Fleisch, Braten mit Salat		10
c) Suppe, Gemüse, Fleisch		5
3. Korkgeld für mitgebrachten eigenen Wein		
– für die ganze Flasche	4	
– für die halbe	2	
Trinkgelder pro Gast für		
– acht Tage		12
– vier Wochen und mehr	2	

Das waren noch Zeiten! So billig geht es heute nicht mehr ab. Aber gut speisen kann man weiterhin. Eine riesige Zahl von Futterkrippen bietet sich zu diesem Zweck an – allerdings mit einschneidenden Änderungen von Jahr zu Jahr. Mancher Gastronom reist voll freudiger Erwartungen auf die Insel: Essen müssen die Leute ja immer! Doch dann erweist sich der Konkurrenz- und Kostendruck als nicht tragbar, und schon nach der ersten Saison kehrt der Wirt dem Eiland den Rücken. Zu den häufigsten Eintagsfliegen gehören Bistros und Imbisse, die manchmal – keineswegs immer – im Folgejahr unter neuem Management und mit neuem Namen wieder auftauchen. In dieser Neuauflage sind deshalb „nur" solche Speisestätten aufgeführt, die durch einige Permanenz glänzen, bzw. „die auch mal drankommen sollen". Alle aufzulisten, würde ein Buch in sich selbst ergeben. Außerdem soll der Inselgast ja auch noch selbst etwas „entdecken" können.

Ausflugslokale

● **Meierei**
Lippestr. 24, Tel. 81824.
Historisches Haus, ab 11 Uhr durchgehend geöffnet. Im Sommer Sonnenterrasse.

● **Oase**
Am FKK-Strand, Tel. 462.
Beliebtes Ausflugsziel (besonders auch für Reiter) mit täglich wechselnden Tages- und Fischkarten. Kinderkarte, Fassbier, Park- und Pferdeanbindeplatz, Kiosk.

● **Weisse Düne**
Am Ostbad, Tel. 935717.
Gemütliches Etablissement mit Kamin und Blick auf Strand und Meer.

Bar/ Lounge

● **Da Sergio**
Damenpfad 12, Tel. 700.
Neu seit 2006. Antipasti, bezahlbare Weine und große Cocktail-Auswahl.

● **Weisse Düne**
s.o.

Cafés

● **Café Extrablatt**
Am Kurplatz 3, Tel. 991613.
Neu seit 2006, neben dem Badehaus.
So und Feiertag Brunch-Buffet, 10–14 Uhr.

● **Le Café**
Knyphausenstr. 4, Tel. 991949.
Kleines Café unweit des Denkmals.

● **Ney Crepes**
Strandstr. 17, Tel. 935454.
Kleine Creperie mit Café/Bar, auch Straßenverkauf.

Deutsche Küche

● **De Leckerbeck**
Schmiedestr. 6, Tel. 990753.
In der ehemaligen Synagoge. Ostfriesische Spezialitäten. Eigene Senioren- und Kinderkarte. Mo Ruhetag.

● **Leger**
Kirchstr. 5, Tel. 555.
Stilvolles Restaurant, Fleisch und Fisch, täglich wechselnd.

● **Tartufulo**
Jann-Berghaus-Str. 55, Tel. 3614.
Kulinarisches aus der Kartoffel, sogar Pizzen.
Außenterrasse. Mi Ruhetag.

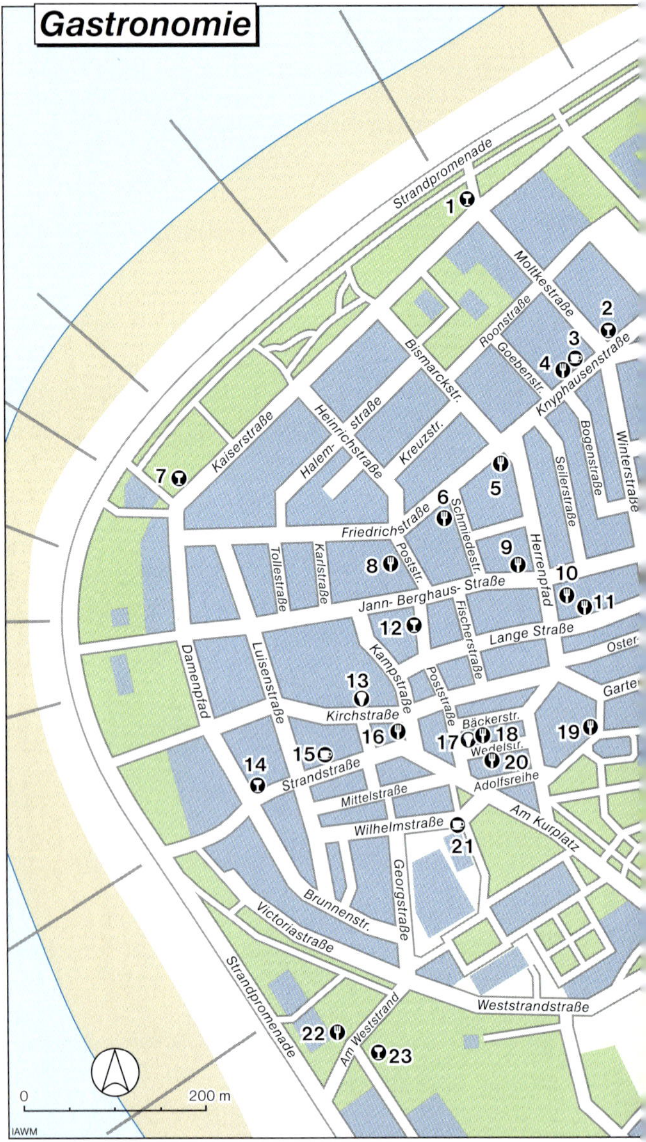
Gastronomie
Strandpromenade
Moltkestraße
Roonstraße
Goebenstr.
Knyphausenstraße
Bismarckstr.
Heinrichstraße
Halem-straße
Kreuzstr.
Kaiserstraße
Bogenstraße
Winterstraße
Seilerstraße
Schmiedestr.
Friedrichstraße
Poststr.
Herrenpfad
Tollestraße
Karlstraße
Jann- Berghaus- Straße
Fischerstraße
Lange Straße
Oster-
Garte
Damenpfad
Luisenstraße
Kampstraße
Poststraße
Kirchstraße
Bäckerstr.
Wedelstr.
Adolfsreihe
Strandstraße
Mittelstraße
Wilhelmstraße
Am Kurplatz
Georgstraße
Brunnenstr.
Victoriastraße
Strandpromenade
Weststrandstraße
Am Weststrand
1 2 3 4 5 6 7 8 9 10 11 12 13 14 15 16 17 18 19 20 21 22 23
0
200 m
IAWM

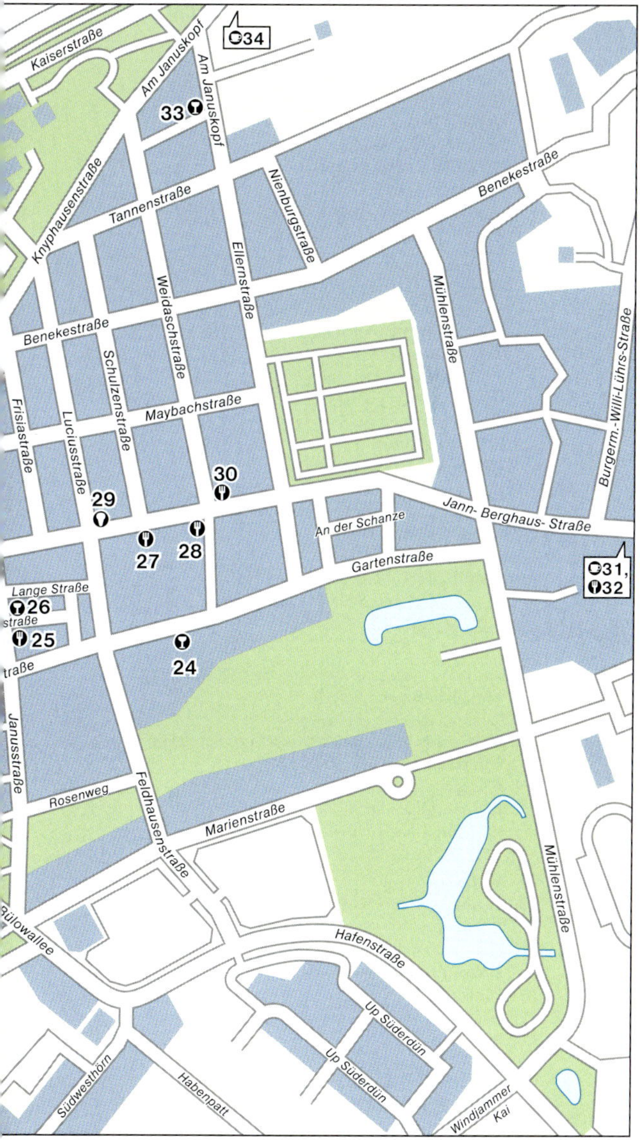
34
Kaiserstraße
Am Januskopf
Am Januskopf
33
Knyphausenstraße
Tannenstraße
Nienburgstraße
Benekestraße
Ellernstraße
Weidaschstraße
Mühlenstraße
Benekestraße
Schulzenstraße
Frisiastraße
Luciusstraße
Maybachstraße
Burgerm.-Willi-Lührs-Straße
30
29
Jann- Berghaus- Straße
An der Schanze
27
28
Gartenstraße
31,
32
Lange Straße
26
straße
25
24
traße
Janusstraße
Rosenweg
Feldhausenstraße
Marienstraße
Mühlenstraße
Bülowallee
Hafenstraße
Up Süderdün
Up Süderdün
Südwesthörn
Habenpatt
Windjammer Kai

Eiscafés

Rialto
Wedelstr. 1, Tel. 3504.
30 hausgemachte Eissorten.
Offen täglich 10–22, im Sommer 11–23 Uhr.

San Marco
Jann-Berghaus-Str. 23, Tel. 1331.
Modernes Eiscafé.

Waffelbäckerei Koppe
Strandstr. 8, Tel. 990001.
Kleine, originelle Waffelstube.

Exklusiv

Lemmermann
Wedelstr. 4, Tel. 84376.
Stilvolles, modernes Ambiente. Man kann auch Speisen nach eigenen Vorstellungen bereiten lassen.

Mathilde am Meer
Am Weststrand 3–4, Tel. 93930.
Vornehmes Café-Restaurant mit täglich wechselnden Gerichten der maritimen und regionalen Küche. Seeterrasse.

Nordseestube
Herrenpfad 24, Tel. 923815.
Haus aus dem Jahre 1888.
Fisch und ostfriesische Spezialitäten.

Zum Deichgraf
Lange Str. 17, Tel. 92530.
Fleisch-(Steaks) und Fischgerichte.

Fast Food

Asia Grill
Poststraße.
Fisch und asiatische Gerichte, Selbstbedienung.

Inselstübchen
Winterstr. 1, Tel. 991303.
Klassischer Imbiss mit typischen Schnellgerichten von Pommes bis Bratwurst.

Kupferpfanne
Jann-Berghaus-Str. 15, Tel. 81816.
Alles für den schnellen Hunger.

Fisch

Citygrill
Wedelstr. 1, Tel. 2165.
Preiswerte Fisch- und Fleischgerichte,
auch zum Mitnehmen.

Norderneyer Fischhaus
Poststr. 4, Tel. 991525.
Fisch satt, Straßenverkauf.

Wilhelmine
Rheinstr. 25, Tel. 2361.
Ausgefallene Fischspezialitäten
(z. B. „Wattbutt aus dem Ofen")
und internationale Gerichte.

Bistros
14 Da Sergio
23 Giftbude
24 Goode Wind
26 Haifischbar
2 Inselstübchen
30 Kupferpfanne
7 Milchbar am Meer
12 Möpken
1 Strandhotel Georgshöhe
33 Surfcafé

Café-Restaurants
21 Café Extrablatt
3 Le Café
31 Meierei
15 Ney Crepes
34 Oase

Eisdielen
17 Rialto
29 San Marco
13 Waffelbäckerei Koppe

Restaurants, Imbisse
9 Balkan Grill
19 China Garten
18 Citygrill
6 De Leckerbeck
4 Delphi
5 Landhuus am Denkmal
16 Leger
20 Lemmermann
22 Mathilde am Meer
25 Mr. X
8 Norderneyer Fischhaus
10 Nordseestube
28 Tartufulo
27 Trattoria Incontro
32 Wilhelmine
11 Zum Deichgraf

Intern. Küche

- **Balkan Grill**
Jann-Berghaus-Str. 73, Tel. 2369.
Balkanspezialitäten aller Art.
- **China Garten**
Am Kurtheater 1, Tel. 3882.
Gerichte aus dem Reich der Mitte, zu vernünftigen Preisen.
- **Delphi**
Knyphausenstr. 4, Tel. 81445.
Mediterrane Palette mit über 100 griechischen Spezialitäten.
- **Landhuus am Denkmal**
Friedrichstr. 21, Tel. 93830.
Lokal in historischem Bauwerk (altes Logierhaus).
Klingt plattdeutsch, ist mediterran.
- **Mr. X**
Osterstr. 6, Tel. 991103.
Thai-Food, Fleisch und Fisch.

- **Trattoria Incontro**
Jann-Berghaus-Str. 25, Tel. 991702.
1a italienische Küche, sardische Spezialitäten.

Kneipen/ Bistros

- **Goode Wind**
Gartenstr. 58a, Tel. 3262.
Kultige Kneipe für alle Altersstufen.
- **Haifischbar**
Osterstr. 6, Tel. 934799.
Uriges maritimes Ambiente.
Spezialitäten: Erdbeer-Grappa, türk. Raki.
- **Möpken**
Poststr. 10, Tel. 869269.
Kneipen-Klassiker für junge Leute.
Dart, Billard, Kicker, Live Musik, Nachtküche.

Strand-lokale

- **Giftbude**
Am Weststrand 2, Tel. 92704.
Schon *Heine* und *Fontane* gingen gern in die Vorläufer der Giftbude, die mit Blei und Cadmium nichts zu tun hat, sondern ihren Namen dem plattdeutschen Gift (= „Gabe, Geschenk") entlehnt.
- **Milchbar am Meer**
Kaiserstr. 3, Tel. 927344.
2006 komplett umgebaut, entspanntes Ambiente, schöne Sonnenterrasse – und nicht nur Milchgetränke!
- **Strandhotel Georgshöhe**
Kaiserstr. 24, Tel. 898404.
„Grandioser Meerblick" bei Kaffee und Kuchen. Happy Hour 14–17 Uhr. Seeterrasse.
- **Surfcafé**
Am Januskopf 8, Tel. 935750.
Beliebter Surfer- und Jugendtreff.
- **Weisse Düne**
s.o.

Hunde

Die geliebten Vierbeiner haben sich in den letzten Jahren auf Norderney immer mehr zu einem Reizthema entwickelt, insbesondere was die Mitnahme an den **Strand** betrifft. Klipp und klar heißt es heute in allem Gedruckten: „Das Mitbringen von Hunden an den Strand kann mit Rücksicht auf andere Kurgäste – insbesondere auch auf spielende Kinder – und auf die Sauberhaltung des Strandes gemäß Anweisung der Gesundheitsbehörde nicht gestattet werden." Und: „Für die Beseitigung des Kotes ist der Tierhalter als auch der Tierführer verantwortlich." (Diesen Satz hat man aus früheren Zeiten übernommen, wohl um das prächtige Bürokratendeutsch nicht zu missen.) Hingewiesen wird ferner darauf, dass es **spezielle Areale für Hunde** neben dem Ostbad „Weiße Düne", am FKK-Strand und auf der Rasenfläche neben der Schutzhalle am Weststrand gibt.

Weiterhin gilt **inselweit: Hunde an die Leine!** Auf der Strandpromenade, Kaiserwiese und in den Kuranlagen ist sogar eine extra kurze Leine vorgeschrieben, denn dort herrscht zumeist erheblicher Publikumsandrang.

Soweit die Gebotslage. **In der Praxis** hält sich kaum ein Mensch daran. Man sieht Hunde an den Badestränden tollen, im Pack neben Pferden dahinrennen, in der Ruhezone des Nationalparks Vögel hetzen und in belebten Spielzonen ihre Würste in den Sand drehen, ohne dass sich die Besitzer im mindesten darum kümmerten. Müssen erst Hilfssheriffs die Strände patrouillieren, Kinder gebissen werden und Handgreiflichkeiten mit anderen Gästen entstehen, um der Wurstigkeit der Hundehalter ein Ende zu setzen? Auf alle Fälle wird sich das Reizthema Hunde künftig bestimmt reizvoller denn je gestalten.

Literaturtipp: *„Verreisen mit Hund"* aus der Praxis-Reihe des Reise Know-How Verlags.

Die Verwaltung des Nationalparks weist in einer speziellen Broschüre darauf hin, dass auch vermeintlich „gut erzogene" Hunde außer Kontrolle geraten, wenn **Vögel** oder **Kaninchen** ihren Jagdtrieb wecken. Alles Rufen und Pfeifen, immer wieder zu beobachten, ist dann zwecklos. Nun, die Vögel fliegen halt davon, und das ist sogar ganz lustig anzusehen: Ein richtiger *Jagdhund* ist er ja, unser treuer Bello! Nur gehen dem Flugwild lebenswichtige Energiereserven bei dieser Hatz verloren, Gelege werden durch Auskühlung zerstört, und Jungvögel getötet. Die Behörde fordert deshalb: Leinen Sie Ihren Hund an!

Man kann seinen Hund während des Inselaufenthalts auch beim **Schäferhundverein Norderney** unterbringen. Kostet natürlich eine Kleinigkeit. Info: Tel. 1360 oder 990548.

Internet

Ein Internet-Café gibt es in der Fischerkate im Inselhotel König (Tel. 8010). Geöffnet von 15 bis 23 Uhr.

Kinder

Eine ausgesprochene „Kinderinsel" kann man Norderney kaum nennen, jedenfalls nicht, was spezielle Einrichtungen für Kinder betrifft. Immerhin gibt es aber das Kinderspielhaus „Kleine Robbe" (am Weststrand, Tel. 891149) für Zwerge von 3–11 Jahren. Mit NorderneyCard kostenlos.

- **Kinderspielplätze:** Vier kommunale Spielplätze gibt es auf Norderney:
  - Am Weststrand
  - An der Grundschule
  - Südhoffstraße
  - Up Süderdün

  Privater Spielplatz außerdem in Charly's Freizeitcenter.
- **Kinderkiste:** Im Haus der Insel findet 1–2x wöchentlich (jeweils Di-, Mi- und Do-Nachmittag) ein wechselndes Kinderprogramm statt. Es gibt Kasper- und Puppentheater, Videofilme, und manchmal tritt ein Zauberer auf. Info bei der Kurverwaltung.
- Das **Schwimmbad** „Die Welle" veranstaltet „Spiel- und Spaßnachmittage im Wasser" laut Aushang.
- **Kinderturnen** beim TUS Norderney, Tel. 1333.
- **Babysitter:** Tel. 990097.

Kirchen

Kaum zu glauben, aber wahr. Während die Kirchen Festland-Germaniens über ständig nachlassende Besucherzahlen klagen, sind die Gotteshäuser auf den Inseln immer gerammelt voll. Insularer **Kirchgang von Touristen** ist „in". Auf Norderney (und auf Baltrum, Langeoog und Spiekeroog) verzeichnet man sogar einen ausgesprochenen Boom. Jeder zweite Tourist geht dort zur Kirche – im Gegensatz zu den Einheimischen, deren paar Häupter in dem Andrang untergehen. Der Klerus ist's zufrieden und pflegt den Trend; auf der kleinen Insel Norderney sind im Sommer nicht weniger als drei evangelische Geistliche tätig, um das Image zu polieren. Und um zu analysieren, was

die Leute in die Kirchen treibt. Vielleicht das Reizklima der Nordsee? Scheinbar gibt es aber eine ganz einfache Erklärung: Wenn man sich im Urlaub schon mal „gehen lässt", warum dann nicht auch in die Kirche ...?

Open-Air-Gottesdienste mit dem Norderneyer Posaunenchor finden im Sommer am Weststrand und auf der Napoleonschanze statt.
Die folgenden **Kirchen** gibt es auf Norderney:

Katholische Kirche

- **Ev.-luth. Inselkirche:** Kirchstraße 46, Tel. 927210.
- **Ev. Genezarethkapelle:** Benekestr. 27, Tel. 8991.
- **Martin-Luther-Haus:** gegenüber der ev. Kirche.
- **Kath. Kirche:** Friedrichstr. 22, Tel. 456.
- **Kath. Kirche „Stella Maris“,** Goebenstraße.
- **Neuapostolische Kirche:** Südwesthörn 2, Tel. 83094.
- **Zeugen Jehovas:** Kirchstr. 6a (Hof).

Presse

- **Badekurier Norderney:** Offizielles Organ der Kurverwaltung. Erscheint zweimonatlich mit Berichten, Informationen und dem Veranstaltungsprogramm. Kostenlos.
- **Norderneyer Badezeitung:** Erscheint täglich mit vielen nützlichen Insel-Informationen.
- **Ostfriesland Magazin** (kurz OMA): Einzige regionale Monatszeitschrift für Ostfriesland und die Inseln. Ansprechend gestaltet, sehr informativ (auch über Ostfriesland hinaus) und vor heißen Themen (z. B. Inselnaturschutz, Ökologie) nicht zurückscheuend. Empfehlenswert.
- Weitere Tageszeitungen und Zeitschriften aller Art von **Bild** bis **Spiegel** sind reichlich im Handel.

Sport

Angeln

Außerhalb der NSGs und der Badestrände ist die Angelei in allen Gewässern um Norderney auflagenfrei gestattet. Selbst den sonst überall verlangten „Angelschein“ braucht man nicht zu besitzen. Stattdessen sollen Angler einen Personalausweis dabei haben – wozu immer der gut sein mag. Im Programm sind Aal, Dorsch, Grundhai (ungefährlich), Knurrhahn, Makrele und Scholle.

Burgen bauen

Ist das Bauen von Sandburgen ein „Sport“? Der vorherrschenden Neigung folgend, jede Art von außerberuflich körperlicher Betätigung so zu nennen, muss man auch wohl diese Aktivität entsprechend kategorisieren. Und mehr noch. Der Bau von Ferienfestungen ist offenbar ein dem deutschen Menschen (vornehmlich Mann) anhaftendes **psychopathologisches Syndrom,** das ihn, sobald er Sand sieht, zwanghaft zum Klappspaten (notfalls Plastikförmchen) greifen und sein privates Krümelkastell aufhäufen lässt. Das jedenfalls haben die Seelenforscher festgestellt. Verdienstvollerweise existiert sogar eine wissenschaftliche Abhandlung zur Thematik (siehe Literaturhinweise), in der die von Badeurlaubern zurechtgeschaufelten Kraterlandschaften von allen Seiten beleuchtet werden. Fazit: Kein anderes Volk auf Erden widmet sich mit derartigem Eifer der Umgestaltung des Strandes. Unsere Nachbarn an der Nordsee, die Holländer und Dänen, amüsieren sich über

diesen Drang, selbst im Urlaub die Räder laufen zu lassen, zwar leer, aber Hauptsache, sie laufen. Nichts tun fällt Deutschen eben schwer.

Die **Inselverwaltungen** betrachten die Sandkastenspiele mit Missmut. Nicht nur verbinden sich territoriale Ansprüche der Bauherrn mit diesem Tun, wird der Strandnarbe Gewalt angetan. Vom herben Seewind geschützte Burgbesitzer mieten auch keine Strandkörbe mehr, und das ist schlecht fürs Geschäft. Direkt verboten ist der Burgbau zwar nicht, aber es wird wiederholt darauf hingewiesen, dass man ihn auch nicht gerade wünscht. Und der Dauerbeschuss hat Wirkung gehabt. Die einst so stabile Domäne ist ins Wanken geraten; man sieht nicht mehr so viele Sandzinnen wie einst. Obwohl die Baubranche tief in der Krise steckt, scheint sich ein strandgesellschaftlicher Konsens durchgesetzt zu haben, dass man an der See auch seinen Spaß haben kann, ohne wild draufloszuschaufeln. Nur die Kleinen machen weiter – Papas Erbe lässt sich nicht verleugnen.

Drachen steigen

Einstmals ließen Kinder Drachen zum Spaß steigen; heute ist dies auch schon ein „Sport“, ein Breitensport sogar. Zu selbigem hat das Staatsbad Norderney folgendes zu sagen: „Das Auflassen von Lenkdrachen an den Badestränden, auf den Promenaden und anderen Strandzuwegen sowie auf Liegewiesen oder Flächen, die der Strandkorbaufstellung dienen, ist nicht gestattet.“ Auch die Nationalparkverwaltung gibt ihren Senf dazu: „In der Ruhe- und Zwischenzone des Nationalparks, die dem Schutz und der Entwicklung von Natur und Landschaft vorbehalten sind, dürfen Sie *selbstverständlich* (meine Hervorhebung) nirgendwo Drachen steigen lassen.“ Immer diese Verbote! Wem so ein Ding schon mal vor den Kopf geknallt ist, wird sie allerdings gern mit unterschreiben.

Fliegen

Flugschulung erteilt die **Luftsportgruppe Norderney,** Tel. 2455.

Ganz bei der Sache: Drachensportler

Golf

Der Norderneyer **Dünen-Golfplatz** (Tel. 927156, Fax 927159) befindet sich dicht bei Flugplatz und Leuchtturm und verfügt sogar über ein spezielles Domizil für die Sportsfreunde: das, wie anders, Golf Hotel (siehe „Unterkunft"). Der Platz hat neun Löcher (außer jenen der Kaninchen, s. u.) mit Standard 71 und Par 72 und zieht sich über insgesamt ca. 3 km hin. Gäste sind spielberechtigt, „wenn sie eine Vorgabe vorweisen", einen (weniger als ein Jahr) gültigen Clubausweis vorlegen und die örtlichen Bedingungen anerkennen. Spieler ohne Vorgabe bedürfen einer Spielberechtigung durch den Golfclub.

Rund ums Jahr wird um einen Monatspreis gegolft, und es finden auch des öfteren Sonderprogramme statt („Dünenpokal", „Leuchtturmpreis", „Osterkanne").

Übrigens: Außer den Golfern tummeln sich auf dem Parcours auch zahlreiche Kaninchen. Deshalb ist in den Regeln, befindet man sich doch in Deutschland, folgendes nachzulesen: „Als ‚Haufen' eines grabenden Tieres im Sinne der Regel 25/1 gilt auch der vom grabenden Tier (hier vornehmlich Kaninchen) eindeutig ausgeworfene Sand." Also dann: „Fore!" (Das ist der internationale Golfer-Ruf vor dem Abschlag.)

Reiten

Einiges war bereits zu diesem Thema gesagt worden. In Niedersachsen ist Reiten ein Volkssport, der keineswegs, so ein gängiges Vorurteil, nur von „reichen" Leuten ausgeübt wird. (Seltsamerweise ist das Volk aber großenteils weiblichen Geschlechts – stirbt *der* Ritter aus?)

- „Spitzenreiter" auf Norderney ist die **Firma Junkmann** (Lippestr. 23, bei der „Meierei"; Tel. 92410, Fax 924192). Dort gibt es Boxen und Weiden für Gastpferde, Lehrgänge für Dressur und Springen, Ausritte für Anfänger und Fortgeschrittene.
- **Cap Horn,** Gewerbegelände 35, Tel. 1440 und 1443. Boxenvermietung, Reitplatz, Kutsch- und Planwagenfahrten.
- **FN-Stall Tegtmeyer,** Lippestr. 19, Tel. 91800, Fax 83483. Urlaub mit eigenem Pferd, Boxenvermietung, Fewos.

Preise (*Junkmann*):

Ausritte (1–1½ Std.)	25–35 €
Reitwegepauschale (1x pro Jahr)	15 €
Box pro Tag	22–25 €
Weide pro Tag, ab	10 €

Im Sommer finden auch **Turniere** und diverse **Spezialprogramme** statt (z. B. Schleppjagden mit Hundemeuten und Getröt und Halali während der Jagdreiterwoche im September). Quartier wird auf Wunsch arrangiert.

Schwimmen

Auf Gefahren beim Schwimmen an unbewachten Stränden und in den strömungsreichen Seegaten ist an früherer Stelle bereits hingewiesen worden. Mehrere Opfer hat vor allem **die Rinne nach Baltrum** gefordert, die nur einen Steinwurf breit zu sein scheint und deshalb schon manchen zur Durchquerung herausgefordert hat. Merke: Je schmaler eine Rinne ist, desto stärker der sie durchsetzende Strom. Die Baltrumer Balje (wo das „Graffiti-Wrack“, s. u., liegt) ist ausgesprochen tückisch, ganz zu schweigen von der seewärtigen **Wichter Ee,** die nicht einmal für Boote passierbar ist – keine Experimente!

Bewegung im Wasser kann man sich aber auch in weniger gefahrenträchtiger menschengemachter Umgebung verschaffen, und zwar in den folgenden beiden Bädern:

- **Meerwasser-Wellenfreischwimmbad:** Am Weststrand, Tel. 891158, geöffnet täglich ab 10.30 oder 11 Uhr von Mitte Mai bis Ende September. Das Wasser ist 22 °C warm und der Eintritt frei!
- In jüngster Zeit (2005) ist auf der Insel Deutschlands größtes „Thalassozentrum“, also ein **Meerwasserschwimmbad** modernsten Stils entstanden, das sich, ebenfalls modern, „bade:haus norderney“ nennt und in dem man sich täglich von 9.30–21.30 Uhr auf drei Ebenen vergnügen kann:

Erlebnis-Ebene: Der abgedroschene Begriff ist alles andere als modern, aber es wird schon so einiges geboten: Ein Meerwasser-Brandungsbecken mit 28° Wassertemperatur, eine „Suhle“ mit Massagedüsen, eine Riesenrutschbahn (60 m), eine Badegrotte und Diverses für die lieben Kleinen. Vier Stunden kosten hier 6 € für Erw. und 3,50 für Jungvolk von 4–17 Jahren. Familien erhalten Rabatte.

Wasser-Ebene: Wohl nicht unerwartet in einem Schwimmbad, aber hier kommen zahlreiche Raffinements zum Tragen, darunter richtige Wasserfälle und sogar ein Salzbad von 36° und genauso salzig wie das Tote Meer. Auch kann man auf heißen Steinen liegen. Für vier Stunden löhnt man 12 €.

Feuer-Ebene: Hier wird gesaunt, massiert, mit Schlick und Schlamm behandelt und intensiv der Ruhe gepflegt, und zwar vier Stunden lang für 18 €.

Segeln

Lernen kann man's in der **Segelschule Norderney** (Am Hafen, Tel./Fax 766, außerhalb der Saison Info auch über Tel. Emden 04921-56623), die auf einem kleinen Fahrgastschiff, Jahrgang 1895 und ostdeutscher Herkunft, zu Hause ist. Das **Dampferchen** heißt *Freundschaft* und wenn man genau

Literaturtipp: *„Küstensegeln"* aus der Praxis-Reihe des Reise Know-How Verlags.

hinsieht, erkennt man noch das übergemalte *Deutsch-Sowjetische,* womit es ja nun vorbei ist. Schüler und andere Gäste können auf dem gemütlichen Schiffchen auch wohnen, und wenn nicht, kann man an Bord zumindest die Mahlzeiten einnehmen.

- **Ausbildung:**

Es gibt eine große Zahl von Programmen, die je nach Aufwand von ca. 125 bis fast 500 € kosten. Auch Segeltörns werden angeboten, sogar bis nach Übersee.

Strandgymnastik

Unter Anleitung kann man sich am **Westbad** von Mitte Mai bis Ende September (Mo–Fr 10–12.30 Uhr) und am **Nordbad** von Anfang Juni bis Ende August (Mo–Sa 10–12.45 und 14–16.30 Uhr) im herben Nordseewind kräftig bewegen. Die Teilnahme ist kostenlos.

Bei **Regenwetter** findet das Programm in der Badehalle am Weststrand statt.

Strandsegeln

Die Norderneyer Strandsegler erscheinen erst auf dem Plan, wenn die meisten Kurgäste die Küste geräumt haben, also **nicht vor Oktober.** Eine recht exklusive Angelegenheit ist das, und deshalb wende man sich für exklusive Auskünfte auch nur an die Kurverwaltung.

Tauchen

In einigem Gedruckten ist von diesem schönen Sport die Rede. Es findet jedoch **keinerlei Tauchaktivität auf Norderney** statt. Die schlechte Unterwassersicht verbietet jegliches Tauchen von vornherein. Selbst wenn man im Umfeld der Insel tauchen ginge, würde die Tätigkeit keinen Genuss bereiten.

Tennis

- Die Tennisschule Norderney im **Sporthotel an der Georgshöhe** (Kaiserstr. 24, Tel. 898405, Fax 898200) hat auf der Insel praktisch das Monopol. Die Außenanlage (Buchung: Tel. 82592) hat fünf Aschenplätze, die Halle (Buchung: Tel. 898405) zwei Granulatplätze. Weiterhin Kurse für Anfänger und Fortgeschrittene (Gruppen), Leistungs-, Mannschafts- und Einzeltraining, Seniorentennis, Ferienkurse für Kinder und Jugendliche sowie Turniere.
- Außerdem gibt es einen **Sportplatz an der Mühle** (geöffnet 7–13 Uhr, Vermietung Mo–Fr 10–11.30 Uhr) für weniger Bemittelte. Info: Tel. 83358 (TUS Norderney).

Wandern

Das **Wegenetz** auf Norderney umfasst etwa 80 km, den gut 14 km langen Strand nicht mitgerechnet, dessen Hartsandbereich entlang der Wasserlinie sich natürlich auch für Fußtouren anbietet. Einige Pfade stehen Fußgängern und Radfahrern gemeinsam zur Verfügung; der erstere hat auf ihnen, falls es selbst auf diesem kleinen Raum zu Zwistigkeiten kommen sollte, das Wegerecht.

- **Tour zum Ostende**

Die wohl interessanteste, aber auch kilometerträchtigste Tour auf Norderney ist der Trek hinaus zum Ostende der Insel mit seinem „Graffiti-Wrack" (s. u.). Erfreulicherweise hat man die dort hinführenden Wege weitgehend im Originalzustand belassen. Das heißt, sie sind zumeist nur als **schmale Pfade** erkennbar, und manchmal verschwinden sie gänzlich in überflutetem Sand oder Gras. Man kann sich dann nach Pfählen richten, die in weiten Abständen angebracht sind. Abweichen ist nicht statthaft – zu beiden Seiten der Route befindet sich naturgeschütztes Gebiet!

So schön wie diese Tour ist – ärgerlich sind die überaus **zahlreichen Abfälle** (Dosen, Flaschen, Plastik usw.), die die Wege und das umgebende Terrain verunzieren. Es sind dies weniger die Wegwerfobjekte der Wanderer (obwohl es deren auch diverse gibt), sondern Unrat, den Wind und Wasser vom Spülsaum der See hinübergetrieben und im Gelände verteilt haben. Die Gemeinde Norderney kann nicht dafür, und auch eine Einsammelaktion wäre – im Wortsinn – abwegig, denn das gesamte NSG würde dabei zertrampelt. Beim Anblick der trostlosen Halde kann einen schon mal die Wut packen.

Manche Leute absolvieren die Tour zum Ostende – immer am Strand lang – vom Ort Norderney und zurück. Das ist allerdings ein ganz schöner Happen, den man sich da abbeißt. Von der Marienhöhe bis zum Wrack sind es 14 km **Entfernung** – und das gleiche noch einmal retour! Die meisten Ostlandtouristen beginnen ihren Trek bei der so genannten Tünnbak (1 km hinter der Bushaltestelle Eiland). Dort lassen sich Auto und Fahrrad abstellen, und von dort sind es 6 km zum Inselende, also eine kommode Distanz. Man kann zwischen einem Süd- und Mittelweg wählen (siehe Karte), vorzuziehen ist der mittlere, der immer weitgehend trocken bleibt.

Die Pfade führen an zwei Baken vorbei. Die **Postbake** ist recht unscheinbar, die größere **Peilbake** bietet hingegen eine schöne Aussichtsplattform. Bei Hoch- oder steigendem Wasser sollte man von hier ab nicht mehr am Watt entlangwandern, sondern die (zulässige) Querverbindung zum Nordseestrand nehmen und an diesem dann weitermarschieren. Das gleiche gilt für den Rückweg. Entlang des Spülsaums erreicht man nach 7 km Westkurs den FKK-Strand, und dort ist wieder ein Busstop.

Am Ostende befindet sich von März bis Oktober eine **Schutzhütte** mit Infostand der Nationalparkverwaltung.

Andere Wandertouren

Der ganze Mittelteil der Insel ist von Pfaden durchzogen, die zu Dünen- und anderen Wandertouren einladen. Faszinierend ist ein Rundgang um den Südstrandpolder östlich des Hafens. Er ist knapp 4 km lang und bietet sehr lebendige Einblicke in die zahlreich vertretene Vogelwelt im Innern des einst künstlich angelegten, doch inzwischen gründlich verwilderten und von Wasserläufen durchzogenen Gebietes. Am Südwestrand des Polders (der selbst nicht betreten werden darf) steht eine Beobachtungshütte zur Benutzung des Publikums bereit.

Wasserskilaufen

Verträgt sich nicht mit der **Inselökologie.** Wasserskier sind in der Zone 1 außerhalb der Fahrwasser ohnehin nicht zugelassen, und auf hoher See ist's zumeist zu rau. Ein gleiches gilt für so genannte **Wassermotorräder** („Jet-Ski"), die man schon als „Strandplage" und „Wasserpest" bezeichnet hat und die in den USA für einen Jahresdurchschnitt von 56 Toten und 1338 Verletzten verantwortlich sind. Nicht nur machen die Dinger einen fürchterlichen Spektakel und schleudern jede Menge Dreck. Wenn einmal ein Motor ausfällt (kommt vor), sieht man fern des Landes ziemlich alt aus.

Windsurfen

Dieser schöne Sport hat auf Norderney einen besonders **hohen Stellenwert,** seit sich zwei Insulaner 1991 tollkühn nach Helgoland wehen ließen und einer von ihnen, *Bernd Flessner,* im Jahr darauf sogar deutscher Meister auf dem Funboard („Spaßbrett") wurde. Erlernen kann man den Spaß heute an zwei Stellen:

● **Surfschule des Seglervereins Norderney** (Tel. 82228) und **Surfschule „Happy“** (Tel. 648/84124), beide am Yachthafen. In Betrieb jeweils von Mai (*Happy* 1.4.) bis Ende September. Geboten werden: Anfänger- und Fortgeschrittenenkurse (10 Std., ab 120 €), Kinderschulung (ab ca. 8 Jahre; 10 Std., ab 120 €), Brettvermietung und -lagerung, Zubehör. Die Surfschule befindet sich am Ostende des Yachthafens; im flachen Übungsbecken kann gefahrlos trainiert werden. Seegesurft wird im Sommer am Oststrand. Einen „Schnupperkurs“, um das Metier kennenzulernen, gibt es bei *Happy* schon für ein paar Euro.

Blick ins Innere der Peilbacke

Strände

Damals

Das Baden in der „wohltuenden Badeanstalt" Norderney muss zu Zeiten ihrer Gründung und noch lange danach eine unvergnügliche Angelegenheit gewesen sein. Oder so erscheint es einem heute zumindest, dieses Begießen, Inswasserkarren und die ganze **Heimlichtuerei.** (Wie komisch, im Vergleich, wird den Menschen in 200 Jahren die heutige Autofahrerei vorkommen!) Den damaligen Zeitgenossen machten die harmlosen Planschereien aber, wie es scheint,

Strandkorbvermietungen
(Preise pro Tag)

	Telefon
1 Weststrand	891125
2 Liegehalle	-
3 Kaiserwiese	891174
4 Nordstrand	891119
5 Oststrand	475
6 FKK-Strand	474

	Liegekorb	Leichtkorb
23.3.–14.5. u. 16.9.–24.10.		
bis 6 Tage	5,80 €	4,70 €
ab 7 Tage	4,60 €	3,80 €
15.5.–15.9.		
bis 6 Tage	7,80 €	6,80 €
ab 7 Tage	6,60 €	5,60 €

Weitere (billigere) Kategorien für längere Belegdauer möglich.

Bei **schriftlicher Vorbestellung** (mindestens 8 Wochen vor der Anreise) gibt's ca. 20% Rabatt. Ein Formular für die Strandkorbbestellung liegt der Gastgeberliste bei. Der Pferdefuß dabei: Einmal bezahlte Miete wird einbehalten, egal was passiert (Stornierung, vorzeitige Abreise, keine Verfügbarkeit wg. höherer Gewalt). Info: Tel. 891122, Fax 891112.

durchaus Spaß. Und die **vielen Verbote** trugen bestimmt zu mancher Pikanterie bei. Der große Humorist *Heinrich Spoerl* beschrieb 1908 das Seebad Norderney zu seiner Jugendzeit mit folgenden (wohlwollend realsatirischen) Worten:

„Herren- und Damenbad lagen an entgegengesetzten Enden der Insel, und das Damenbad war auf Kilometer hinaus durch Stacheldraht gesichert (...) Von einer ganz bestimmten Dünenspitze aus,

Badefreuden anno 1815

mit einem guten Teleskop, zwischen Mulden und Senkungen hindurch, konnte man bei gutem Wetter ein paar Quadratmeter Damenstrand sehen. Es war in der Tat sehenswert. Ein Damenbadeanzug der damaligen Zeit bestand aus einem dickstoffigen, schlotternden Sack, der oben am Kinn und unten am Knöchel zugebunden war. Darüber noch ein Röckchen in mehreren Etagen. Nur starke Damen konnten die Last tragen. Damals waren die Damen stark. Einen zweiten, kleineren Sack trugen sie auf dem Kopf. Er war aus gelbem Ölstoff und mit Pompons verziert und barg der Locken schwere Pracht.

Besagte Dünenspitze war täglich schwarz von heimlichen Männern und Fernrohren. Sie hielt dem Andrang auf die Dauer nicht stand, wurde allmählich niedergetreten und nutzte sich zusehends ab. Eines Tages war sie nicht mehr hoch genug, und man schritt zur Gründung des Familienbades."

Heute

Heute geht es freier zu, man braucht keine „heimlichen Fernrohre" mehr. Gebadet wird an folgenden Stränden (s. Überblickskarte im Umschlag):

1 Weststrand	bewacht
2 Liegehalle	
3 Kaiserwiese	
4 Nordstrand	bewacht
5 Oststrand („Weiße Düne")	bewacht
6 FKK-Strand („Oase", s.u.)	bewacht

Die **offiziellen Badezeiten** an den Stränden werden durch Hissen der Norderney-Flagge (schwarz-weiß-blau) angezeigt. Sie variieren jahreszeitlich etwas; im allgemeinen liegen sie von 10 oder 11 bis 15–16 Uhr. Außerhalb dieser Zeiten badet man „auf eigene Gefahr" (verbieten kann es einem niemand), man muss sich im Notfall also selbst retten.

FKK-Strand Früher, noch gar nicht lange her, regten sich die Nackten am FKK- Strand sehr auf, **wenn ein Bekleideter in ihr Revier streunte.** „Ferkel!" scholl es hinter dem Voyeur her, den nur schnelle Flucht oder rasche Entkleidung vor dem Volkszorn bewahrte. Heute ist man toleranter geworden. An den nackten Körpern „schwingt sozusagen ein neues Bewusstsein mit" *(Harald Schmidt);* die FKK-ler haben verinnerlicht, dass Spanner in unserem überspannten Zeitalter zumindest am Strand selten geworden sind und dass sich die meisten Menschen für „in den Kniekehlen hängende Gesäßhälften" *(Schmidt)* nicht die Bohne interessieren. Man kann also auch in Textil durch das FKK-Gelände schlendern, ohne gleich als Sittenstrolch zu gelten. Immer noch ziemlich hysterisch reagiert wird nur – warum eigentlich? –, wenn man dort mit einer Kamera oder einem Fernglas hantiert.

Der FKK-Strand ist der östlichste von allen. Man erreicht ihn per pedes am Wasser oder inland über die letzte Haltestelle des Linienbusses. Landseitig vorgelagert ist ihm die **Gaststätte Oase,** die man nicht unbekleidet betreten darf. (Wegen der schweren Geräuschbelästigung, wenn ein nackter Hintern langsam von einem kunstlederbezogenen Barhocker abgezogen wird – ppfffft. Nochmal Schmidt, versteht sich.)

Am Strand befindet sich ein Barackenkomplex mit **Umkleidekabinen, Toiletten** und einer richtigen **Sauna,** geöffnet von Ende März bis Ende Oktober. Drei Stunden Saunabaden kosten 10 € (mit NorderneyCard frei).

Im FKK-Bereich gibt es Strandkörbe und ein spezielles Hundeareal.

AB HIER NUR FKK
zum
Ostbad
zum
Inselende

Unterhaltung

Allgemeines

Die Gemeinde Norderney stellt einiges auf die Beine, um ihre Gäste bei Laune zu halten. Was genau, ist im **Veranstaltungskalender „Hier ist was los“** im einzelnen nachzulesen. Das Blättchen liegt überall aus und kostet nichts.

Aufgelistet werden täglich wechselnde Programme, die vorwiegend im Kurhaus, im Kurtheater und im Haus der Insel stattfinden und von bunter Vielfalt (und zumeist kostenpflichtig) sind. Konzerte und Theateraufführungen buche man über die **Vorverkaufsstelle** im Haus der Insel (Westeingang), Tel. 874182. Programmhinweise: Tel. 874200. Außerdem wird ein Einblick in wiederkehrende Veranstaltungen gegeben. Eine kleine Übersicht:

- **Kurkonzerte:** Von Anfang April bis Ende Oktober täglich (außer montags) auf dem Kurplatz oder im Kurgarten, bei schlechtem Wetter im Konzertsaal des Kurhauses oder im Haus der Insel.
- **Orgelkonzerte:** Von Ende Mai bis Mitte September jeden Freitagabend in der ev.-luth. Inselkirche mit deutschen und internationalen Solisten.
- **Gästekantorei:** Jeden Donnerstagabend im Sommer im Martin-Luther-Haus (Kirchstr. 11).
- **Botanische Exkursionen und naturkundliche Rundgänge:** Siehe „Führungen“.
- **Kunstgespräche:** Jeden 2. und 4. Dienstagabend im Monat im Kunst- und Literaturverein Norderney. Info unter Tel. 81658.
- **Kinderprogramme im Haus der Insel:** Siehe „Kinder“.
- **Spiel- und Spaßnachmittage** im Bad „Die Welle“ lt. Sonderaushang.
- **Bilderausstellungen:** Wechselnde Vernissagen im Foyer des Kurtheaters.
- **„Sprechstunde“:** Jeweils dienstags 16 Uhr im Haus der Insel: Gesundheitsinformationen.
- **Vorträge:** Zu Themen wie Naturkunde und Nordsee laut Veranstaltungsplan; kostenlos.
- **„Wir kommen“:** Filme über die Arbeit der Deutschen Gesellschaft zur Rettung Schiffbrüchiger jeweils freitags 16 Uhr im Haus der Insel.
- Vieles mehr vom Briefmarkentausch über Preisskat bis zu Rotary-Meetings.

Büchereien **Lese- und Fernsehräume** befinden sich im Kurhaus und im Haus der Insel. Sie sind täglich geöffnet. Der Eintritt ist kostenlos. Es gibt auch eine **Stadtbücherei,** und zwar im Rathaus (Eingang über Parkplatz Jann-Berghaus-Straße). Geöffnet Mo und Fr 8.30–12.30 Uhr, Di–Do 14–18 Uhr.

Glücksspiel Schon der russische Großadel verbriet, beginnend mit der Eröffnung des **Norderneyer Spielkasinos** im Jahre 1822, hier einiges vom Vermögen des Zarenreiches. Der Marschall *Blücher* ging an die

Kurhalle mit Spielkasino

Sache ran wie ... jawohl. Doch er verlor, zumindest auf diesem Feld. Das gleiche Schicksal erlitt *Heinrich Heine,* dem das ganze Urlaubsgeld flöten ging. Seither hat es noch viele Male *faites votre jeu* und *rien ne va plus* geheißen, und manchmal haben sogar die Spieler etwas gewonnen.

Aber heute ist nicht mehr viel los. Das Spielkasino Norderney hat im Zeichen allgemeiner **Flaute** das so genannte „Große Spiel" – Roulette und Karten – eingestellt bzw. automatisiert, um Personalkosten zu sparen. Da diese zuvor großenteils aus dem Tronc, einer trinkgeldgespeisten Gemeinschaftskasse, bestritten wurden, ist die Maßnahme ohnehin eher symbolisch. Jetzt rattern in den hehren Hallen des Etablissements nicht weniger als 90 einarmige Banditen, deren Operateure mit Trinkgeld recht knausrig sind – *sic transit gloria mundi.*

Kino

Das Inselkino befindet sich in der Wilhelmstraße, und in **Betrieb** ist es von März bis Oktober. Das **aktuelle Programm** wird an der Kinosäule am Kurplatz bekanntgegeben. Info gibt's auch unter Tel. 83938.

Minigolf

Je eine Anlage in Charly's Freizeitcenter (Im Gewerbegelände 1), an der Kaiserwiese und beim Haus Bergisch Land (Bülow-Allee 3).

Tanzen

- **Beach Club**
Strandstr. 2, Tel. 1006.
Beliebte Tanzbar, auch für ältere Semester.
- **Casablanca**
Jann-Berghaus/Ecke Poststr.
Neu seit 2006, Oldies aus den 1950–70er Jahren, kleine Speisen.
- **Strandkorb**
Bülowstr. 8, Tel. 8010.
Im Inselhotel König. Täglich geöffnet (kein Ruhetag), Zeiten auf Anfrage.

Vorträge

Der bereits genannte **Wattführer und Biologe Dr. Manfred Temme,** der sich u. a. als Tierfotograf einen Namen gemacht hat, hält in kurzweiliger Form aktuelle Diavorträge zu Themen wie: Entwicklung der Insel Norderney, Sturmfluten, Natur- und Lebensräume, Walstrandungen, heimische Pflanzen, Vögel und Säugetiere. Preise und Termine: Tel. 1277.

Unterkunft

Die Unterkünfte sind in die folgenden Preiskategorien eingeteilt:

€	bis 30 €
€€	30–50 €
€€€	50–70 €
€€€€	70–100 €
€€€€€	> 100 €

Preise pro Person im DZ während der Hauptsaison.
Die Sterne entsprechen den üblichen Komfort-Kategorien.

Hotels

Die sehr große Zahl von fast 50 Hotels hier einzeln aufzuführen, würde den Rahmen dieses Buches sprengen. Deshalb sind nur einige ausgesuchte Einheiten verzeichnet. Detailliertere Angaben finden sich im Gastgeberverzeichnis.

Oberklasse

- **Golf-Hotel****** €€€€€
Am Golfplatz 1, Tel. 8960, Fax 89666,
www.golf-hotel-norderney.de
Natürlich wird hier nicht nur gegolft. Man kann sich auch im hoteleigenen Meerwasserschwimmbad vergnügen und diverse andere Sportarten treiben. 30% Rabatt in der NS.
- **Hotel Austernfischer***** €€€
Friedrichstr. 11, Tel. 93860, Fax 938636.
Zentrale Lage und Seenähe.
- **Hotel Ennen** €€-€€€
Luisenstr. 16, Tel. 9150, Fax 82110, www.hotel-ennen.de
Durch einen Wintergarten miteinander verbundener Doppelkomplex. Sauna, Whirlpool und diverse gesundheitsfördernde Einrichtungen. Rabatt in der NS.

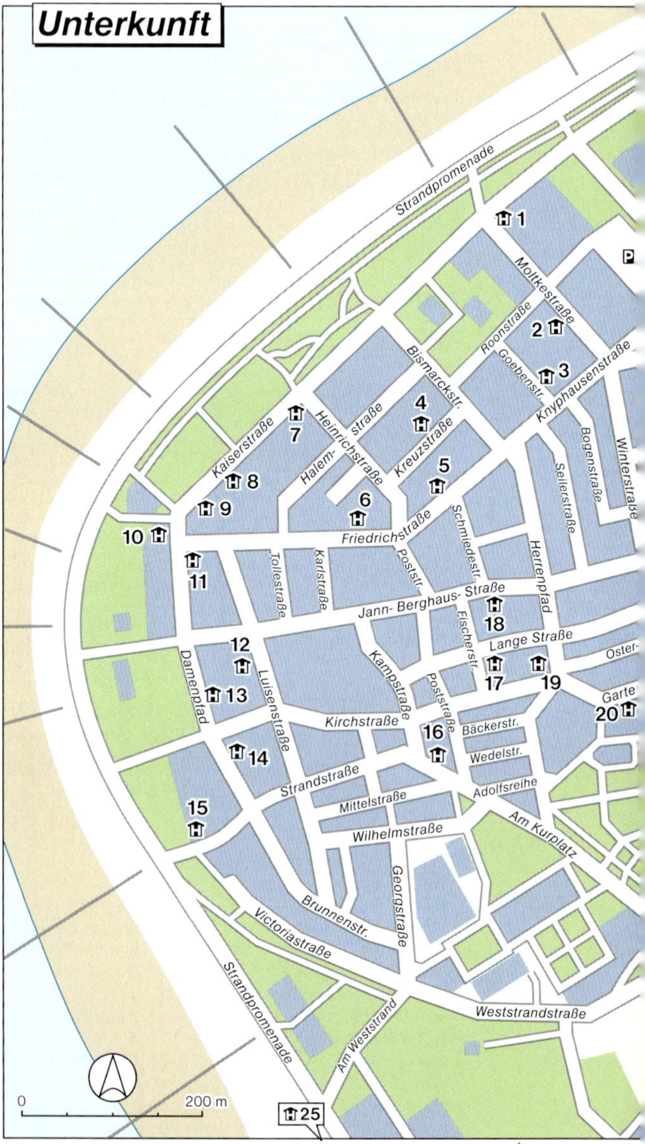
Unterkunft
Strandpromenade
Moltkestraße
Roonstraße
Goebenstr.
Knyphausenstraße
Bismarckstr.
Kaiserstraße
Heinrichstraße
Halem-
straße
Kreuzstraße
Bogenstraße
Winterstraße
Seilerstraße
Schmiedestr.
Friedrichstraße
Poststr.
Tollestraße
Karlstraße
Herrenpfad
Jann- Berghaus- Straße
Fischerstr.
Lange Straße
Oster-
Garte
Damenpfad
Luisenstraße
Kampstraße
Poststraße
Kirchstraße
Bäckerstr.
Wedelstr.
Strandstraße
Adolfsreihe
Mittelstraße
Am Kurplatz
Wilhelmstraße
Georgstraße
Brunnenstr.
Victoriastraße
Strandpromenade
Am Weststrand
Weststrandstraße
0
200 m
1
2
3
4
5
6
7
8
9
10
11
12
13
14
15
16
17
18
19
20
25
P

Kaiserstraße
Am Januskopf
Am Januskopf
Campingplatz Booken
Knyphausenstraße
Tannenstraße
Nienburgstraße
Benekestraße
Ellernstraße
Weidaschstraße
Mühlenstraße
Bürgerm.-Willi-Lührs-Straße
Benekestraße
Schulzenstraße
Maybachstraße
Frisiastraße
Luciusstraße
Jann-Berghaus-Straße
An der Schanze
Gartenstraße
21, 22, 23
Camping Domäne Eiland,
Camping Um Ost
Lange Straße
straße
straße
Janusstraße
Rosenweg
Feldhausenstr.
24
Bülowallee
P
Südwesthörn
1 Strandhotel Georgshöhe
2 Gästehaus Extra
3 Hotel Seehof
4 Hotel Villa Christina
5 Haus Austernfischer
6 Landhuis am Denkmal
7 Michaels Kurhotel
8 Strandvilla Kaiserwiese
9 Haus Margarete am Meer
10 Hotel Haus am Meer
11 Haus Westend
12 Hotel Ennen
13 Haus Hartwig
14 Hotel Seeschlösschen
15 Strandhotel Belvedere am Meer
16 Haus Neunaber
17 Inselhotel Bruns
18 Hotel-Restaurant Balkan-Grill
19 Inselhotel Vier Jahreszeiten
20 Hotel Villa Ney
21 Golf Hotel
22 Jugendherberge Dünensender
23 Jugendherbg. Südstraße
24 Haus Südblick
25 Strandhotel Pique

Hotel Haus am Meer**** €€€
Kaiserstr. 3, Tel. 8930, Fax 3673,
www.hotel-haus-am-meer.de
Strandnahes Haus mit Zimmern und Appartements. Panorama-Schwimmbad (im Dachgeschoss) mit Seeblick.

Hotel Villa Ney €€€€
Gartenstr. 59, Tel. 9170, Fax 91731,
www.villa-ney.de
Modern gestylter Komplex mit viel Komfort.

Inselhotel Bruns*** €€€
Lange Str. 7, Tel. 8750, Fax 875600,
www.norderney-hotels.de
30% Rabatt in der NS. Unter den Dreisternern Norderneys ist das Bruns am billigsten.

Inselhotel König**** €€€
Bülowallee 8, Tel. 8010, Fax 801125,
www.inselhotel-koenig.de
Zentral gelegen, freundliche Atmosphäre.

Inselhotel Vier Jahreszeiten**** €€€€
Herrenpfad 25, Tel. 8940, Fax 1460,
www.norderney-hotels.de
30% Rabatt in der NS. Hier gibt's sogar Animation!

Die drei Inselhotels, sämtlich hübsche „Klassiker", gehören einer gemeinsamen Gruppe an. Sie sind in Ausstattung und Komfort weitgehend identisch.

Michels Kurhotel Germania*** €€€
Kaiserstr. 1, Tel. 882000, Fax 882200,
www.kurhotelgermania.de
Unmittelbar an der Kaiserwiese gelegen. Mit eigener Bade- und Therapieabteilung.

Strandhotel Georgshöhe**** €€
Kaiserstr. 24, Tel. 8980, Fax 898200, www.georgshoehe.de
Klassisches Gebäude in zentraler Strandlage. Angeschlossene „Beauty-Farm", Tenniscenter. Spielnachmittage für Kinder. 20–45% Rabatt in der NS.

Strandhotel Pique**** €€€
Am Weststrand 3–4, Tel. 93930, Fax 939393.
Unmittelbar am Strand gelegenes Haus mit schönen, klassischen Linien, in ruhiger Umgebung. Frei- und Meerwasserschwimmbad, Sauna, Liegewiese, Frühstücksbuffet. 20–40% Rabatt in der NS.

Strandhotel garni Belvedere am Meer**** €€€€
Viktoriastr. 13, Tel. 606 und 92390, Fax 83590.
Historisches Gebäude an der Seepromenade. Hallenbad, Sauna. Bis 20% Rabatt in der NS. Im Winter geschlossen.

Solide Mittelklasse

In diese Kategorie fallen kleinere Hotels sowie Hotel-Pensionen (jeweils ÜF) mit einer weiten Variation von Preisklassen. In den meisten Fällen werden für die NS handfeste Rabatte (bis 45%) gewährt. Ein Querschnitt durch das preisgünstigste Angebot:

- **Gästehaus Extra** €€
Moltkestr. 14, Tel. 92280, Fax 922818.
Nichtraucherhaus, angeschl. Fewo.
Ruhige, zentrale Lage mit Strandnähe.
Im Winter geschlossen.
- **Haus Margarethe am Meer**** €€
Kaiserstr. 2, Tel. 92800, Fax 81443.
Familiengeführtes Haus „in der Sprühzone des Meeres". Im Mittwinter geschlossen.
- **Haus Neunaber** €€
Damenpfad 19, Tel. 93940, Fax 939422.
Dicht am Weststrand gelegen, „teilweise freier Seeblick". Nov./Dez. dicht.
- **Haus Südblick** €€
Marienstr. 7, Tel. 2407, Fax 82181.
Hotel garni. Vom 1.10. bis 15.5. geschlossen.
- **Haus Westend**** €€
Friedrichstr. 40, Tel. 2685, Fax 83261.
5 Min. zum Zentrum, 100 m zu Kaiserwiese und Strand.
- **Hotel Balkan-Grill**
Jann-Berghaus-Str. 73, Tel. 2369, Fax 81626.
Mittig gelegen, mit angeschlossenem jugoslawischem Restaurant. Jan./Feb. geschlossen.
- **Hotel Seeschlösschen***** €€
Damenpfad 13, Tel. 93850, Fax 938536.
Strandnah (lt. Eigenwerbung sogar „in der Brandungszone"!) Nur in Badekluft zu betreten? Ganzjährig geöffnet.
- **Hotel Villa Christina**
Kreuzstr. 9, Tel. 93560, Fax 9356125.
Zentral, aber an ruhiger Seitenstraße und in Strandnähe gelegen. Im Mittwinter geschlossen.
- **Hotel-Pension Hartwig** €€
Damenpfad 21, Tel. 2486, Fax 1099.
Ruhiges Haus, Familienbetrieb.
- **Hotel Seehof** €€
Goebenstr. 2, Tel. 91800, Fax 83483.
Manche Klausen auf Norderney nennen sich „Villa", sind aber keine. Das Seehof ist definitiv eine.
- **Landhuis am Denkmal** €€
Friedrichstr. 21, Tel. 93830, Fax 938330.
Denkmalgeschütztes Haus mit edlem Interieur. „City"- und strandnah. Ganzjährig geöffnet.
- **Strandvilla Kaiserwiese** €€
Kaiserstr. 6, Tel. 1485, Fax 83655.
Windgeschützte Sonnenterrasse an der Strandpromenade, freier Seeblick. Im Winter geschlossen.

Pensionen und Gästehäuser

Eine erhebliche Anzahl von Einheiten gibt es in dieser Kategorie. **Preise** beginnen bei 23 € (Seeadler, Tel. 527) und bezeugen somit, dass Norderney nicht unbedingt sehr teuer sein muss. Im Mittel liegen die Preise für diese Herbergen bei etwa 30 €. Ein Teil gewährt in der NS Rabatte von 10–20%, doch die Mehrzahl dieser Vermieter macht im Winter zu.

Privatzimmer

Gerade mal acht gibt es hiervon, und nur vier haben ganzjährig geöffnet. Die Preise liegen zwischen 19 und 35 €.

Ferienhäuser und Ferienwohnungen

Diese Kategorie macht die große Masse der Norderneyer Herbergen aus. Man muss sich ein wenig durch das Gestrüpp des seitenlangen **Angebots** kämpfen, um das dem persönlichen Bedarf Entsprechende herauszufiltern. **Preislich** günstig sind die Fewos auf alle Fälle, denn man findet unter ihnen Einheiten für bereits 40 €/Tag (2 Betten), und außerdem werden außerhalb der HS substantielle Nachlässe gewährt. Die Mehrzahl der Ferienwohnungen werden **ganzjährig vermietet.** Immer darauf achten bzw. danach fragen, ob **Hunde** willkommen sind und ob man gegebenenfalls **rauchen** darf.

Jugendherbergen

Norderney hat gleich zwei von ihnen, und wer eine Wertung möchte, dem sei gesagt: Eine Jugendherberge ist immer so gut wie ihre Gäste. Seitens der Hausleitungen wird alles getan, den Besuchern den Aufenthalt so angenehm wie möglich zu gestalten. Klargestellt werden muss, dass die in manchen Verzeichnissen aufgelisteten **Sport- und**

Spielmöglichkeiten von den JH *arrangiert* werden können; von einem direkten Angebot kann keine Rede sein. Für hereinplatzende Besucher mit der Frage an den Herbergsvater: „Sind Sie der Surflehrer?“ liegt also eine herbe Botschaft bereit – sie werden sich weiterbemühen müssen. Am besten sportlich per Fahrrad, denn die gibt's (kostenlos) bei beiden JH.

Wie bei allen Inselherbergen kann man in beiden Häusern nur auf **Vollpensionsbasis** unterkommen. Für Aktive, die den ganzen Tag unterwegs sind und das Mittagessen versäumen, stehen Lunchpakete (Sandwiches) zur Verfügung. Ansonsten sind die Essenszeiten einzuhalten, denn die Küchen schließen pünktlich. Mitgebrachte Lebensmittel und Getränke dürfen in den JH nicht sichtbar verzehrt werden.

Man darf eigene **Bettwäsche** oder den original JH-Schlafsack (keine anderen!) verwenden, ansonsten wird Wäsche kostenpflichtig bereitgestellt.

An den **JH-Ausweis** denken!

JH Dünensender

Anruf, dann schriftliche **Anmeldung** (und ebensolche Bestätigung) per Brief oder Fax ist erforderlich. Der Belegungsstatus der JH kann auch über die Zentrale in Bremen (Tel. 0421-504206) erfragt werden.

• JH Dünensender €

Das größere Haus mit der Kategorie II liegt abgelegen 4 km östlich des Ortes, mitten in den Dünen, hat aber Straßen- und Busanschluss. Postanschrift: Am Dünensender 3; Tel. 2574, Fax 83266. Die JH besitzt 144 Betten, verteilt auf 20 Schlafräume à 2–12 Kojen, dazu vier Tagesräume. Ein Zeltplatz ist angeschlossen, siehe Camping. Spezielle Einrichtungen für Familien bzw. Rollstuhlfahrer gibt es nicht. Der Nordseestrand ist einen knappen Kilometer entfernt, der Leuchtturm zwei. Von der Fähre geht man am besten direkt durchs Hafengebiet, dann an der Windanlage vorbei und entlang des Fuß/Radwegs am Nordrand des Südstrandpolders. Beim Campingplatz „Um Ost" nach links ab und noch ein Stückchen die Straße hinauf.

Öffnungszeit: 1.3.–31.10.

• JH Südstraße €

Die JH Norderney-Südstraße (Hausnummer: 1) liegt inmitten eines Wohngebietes am südöstlichen Ortsrand in nächster Nähe von Hafen und Watt. Tel. 2451, Fax 83600. Das Haus hat 121 Betten, verteilt auf elf 8–15-Bettzimmer und fünf 2–6-Bett- bzw. Leiterzimmer, dazu drei Tagesräume.

Familien/Rollstuhlfahrer: w. o. Die Wattseite ist 10 Minuten zu Fuß entfernt, zum Nordseestrand sind's ein paar Meter mehr. Diese JH ist spezialisiert auf Schulklassenbesuche und deshalb ein paar Dezibel lauter als die JH Dünensender.

Öffnungszeit: Anfang März bis Ende Oktober.

Kinderheime

Es gibt mehrere (private) Kindererholungs- und Jugendfreizeitheime auf Norderney, über die man sich bei der Kurverwaltung informieren kann.

Camping

Achtung, unbedingt **vorher anmelden:** „Da die Aufnahmefähigkeit der Plätze zur Vermeidung gesundheitlicher Gefahren nach den verfügbaren sa-

nitären Einrichtungen zahlenmäßig begrenzt ist und die Einhaltung der gegebenen Bestimmungen (Belegungsstärke auf den zugelassenen Plätzen und Zelten außerhalb der Plätze) einer ständigen Kontrolle unterworfen ist, wird die Benutzung der Zeltplätze von einer vorherigen Anmeldung und Zuweisung des Zeltplatzes abhängig gemacht. Zelter, die anreisen, ohne im Besitz einer schriftlichen Zeltgenehmigung zu sein, müssen mit einer Abweisung rechnen, wenn die Plätze mit der behördlich zugelassenen Zahl von Zelten belegt sind. Ausnahmegenehmigungen werden grundsätzlich nicht erteilt." So der offizielle Text. Also die Sache unbedingt vorher abklären.

Schwer Betrieb auf dem JH-Zeltplatz

Außerdem werden **Jugendliche** unter 16 Jahren ohne Begleitung Erwachsener nicht auf den Campingplätzen aufgenommen.

- **Campingplatz Dünensender** € (zur JH gehörig, Herbergsausweis erforderlich; In den Dünen 46, Tel. 2574). Ausgedehnter Zeltplatz mit sanitären Einrichtungen und Kiosk. Sandboden (lange Heringe mitbringen). VP-Buchung ist ratsam.

  Jugendliche unter 16 Jahre dürfen auf diesem Zeltplatz allein kampieren, wenn sie eine Einverständniserklärung ihrer Eltern vorlegen können.
- **Campingplatz Booken** (Waldweg 2, Tel. 448, Fax 478, E-Mail: camping-booken@t-online.de): Von Kiefernwald umgebenes Gelände, 15 Min. zur Stadt, 350 m zum Nordbad. Ganzjährig geöffnet. Allein reisende Gäste unter 18 Jahre können nicht aufgenommen werden. Hunde erlaubt.
- **Camping Domäne Eiland** € (ca. 1 km östlich des Leuchtturms, Tel. 2184): Ungefähr 50 Zelt- und 110 Caravanplätze (getrennt). 10 Min. zum FKK-Strand, dicht am Wattenufer. Winterfeste Mietwohnwagen (alles inklusive, keine Personenbeschränkung). Hunde erlaubt.
- **Camping Um Ost** (Am Golfplatz 4, Tel. 618 und 710, Fax 84155): Die Eigenbeschreibung „im Ostteil der Insel" ist nicht ganz korrekt, denn der Platz liegt ziemlich genau in der Mitte der Wattenküste. Auch Fewos, Restaurant. Geöffnet von Beginn der Oster- bis zum Ende der Herbstferien in Niedersachsen. Keine Hunde! Kleine Attraktion: eine original-englische Telefonzelle für die Campinggäste.

  Die Preise von „Um Ost" liegen etwa mittig zwischen den beiden erstgenannten Tarifen.
- Außerdem gibt es zwei weitere kleine Plätze (Camping Naase, Tel. 2213, und Domäne Grohde, Tel. 2174).
- **Camping Spilek** (Am Leuchtturm 9, Tel. 2174): Kleinerer Platz, für Zelte und Wohnwagen.

Die Preise bewegen sich für alle Plätze so, dass ein halbwegs niedriger Posten (z. B. für Personengebühr) durch ein höheres Standgeld wieder relativiert wird, und umgekehrt. Ein zeltendes Ehepaar mit Kind muss mit etwa 17,50 € pro Tag rechnen.

Quiz: Zu welcher Insel gehört diese Tonne wohl?

ORDER

Sehenswertes

Heimatmuseum

Das „Alte Fischerhaus im Argonnerwäldchen" ist Norderneys Heimatmuseum. **Von außen** macht das bescheidene Gebäude aus dem Jahre 1803 nicht viel her. Es ist niedrig und geduckt gebaut, um den Stürmen wenig Angriffsfläche zu bieten, und seine Fenster sind aus dem gleichen Grund bewusst klein gehalten. Die generelle Schmucklosigkeit im Stil der Zeit wird durch ein Zierbrett am Ostgiebel etwas gelockert, auf dem man einst durch magische Sprüche und geheimnisvolle Runen die bösen Geister fernzuhalten suchte. Ringsum ist Kiefernwald. Das Haus verschwindet fast in ihm; von der Straße ist es nicht zu sehen.

Drinnen geht es aufwendiger zu. Zwar ist hier ebenfalls alles klein und niedrig, der Minifenster wegen auch recht dunkel, aber die Aufteilung des Hauses erscheint gut durchdacht, und die Atmosphäre wirkt anheimelnd.

● **Info:** Geöffnet von Anfang April bis Ende September werktags 15–17 Uhr und So 10–12 Uhr; im März und Oktober Di, Do und Sa von 15–17 Uhr und in der übrigen Zeit

Heimatmuseum

Fr von 15–16 Uhr. Gruppen werden um Anmeldung gebeten: Tel. 1791, vor 9 Uhr.

• Der Flur (Up de Dehle)

Der erste Gebäudeteil, den man betritt, ist die lange Diele, von der die verschiedenen Räumlichkeiten abzweigen. Man hat sie mit allerlei **Nautiquitäten** dekoriert: Wrackteile eines holländischen Seglers von 1700, Südwester und Korkschwimmwesten aus der Zeit der Ruderrettungsboote nebst des Modells eines solchen, sowie allerlei Kleinkram, darunter einer mit dem Vaterunser verzierten Muschel, die man heute gnadenlos der *Tourist Art* zuordnen würde. Interessant ist ein brikettgroßer Bernsteinbrocken, den ein Tourist vor ein paar Jahren am Strand fand.

• Der Altenteil

Vorn rechts wohnten die Senioren, die damals noch Teil der Großfamilie waren und nicht ins Altersheim abgeschoben wurden. Ihnen oblag u. a. das Horten der diversen hier ausgestellten **„Souvenirs" und Kuriositäten,** die die Norderneyer Seefahrer von ihren Reisen mitbrachten: Delfter Kacheln und chinesische Porzellane aus Holland, Silberlöffel aus der Ostseefahrt und sogar eine westfriesische Uhr mit einer richtigen Meerjungfrau, anno 1760. Der kleinen Stube angeschlossen ist eine winzige **Schlafkammer** mit „Butze", einer Art Alkoven.

• Das große Wohnzimmer

Heute würden hier der Fernseher und die Schrankwand stehen. Früher, dieser Raum spiegelt die Wohnkultur des Jahres 1850 wieder, tummelten sich in der „guten Stube" **große Kinderscharen** (10 bis 14 pro Familie waren ganz normal), und das Zimmer wurde vernünftigerweise nicht mit unnützem Vorzeigemobiliar vollgestellt. Stolz wird vermerkt, dass die jüngsten Kinder ihr Essen im Stehen einnehmen mussten – auf den Gedanken, sich dafür auf den Boden zu hocken, kam anscheinend keiner. Aber da stand ja auch schon das *Speebackje* (der Spucknapf), in dessen gefährlicher Nähe sich wohl niemand gern niederlassen wollte.

Typisch fürs Friesische sind die beiden **Puffhundjes,** Hundefiguren aus Porzellan. Sie haben nichts mit einem Freudenhaus zu tun, sondern gaben einen Hinweis auf die Stimmung zwischen den Eheleuten. Blickten sich die Hunde an, war alles in Butter; sahen sie in verschiedene Richtungen, herrschte dicke Luft.

• Fischerwerkstatt

Direkt neben dem großen Wohnzimmer wurden in diesem Raum die **Netze und Angelwerkzeuge** hergerichtet und geflickt. Bewundern kann man *Pütz, Gräp, Sandback, Want* und *Mollbrett* – Eimer, Forke, Wurmbehälter, Angelleine und Leinbrett. An der bis zu 3000 m langen Leine hingen an die 300 Köderhaken, die von den Frauen mit Wattwürmern bestückt wurden – nicht weniger als 2700 davon pro Fangreise. Diese Tätigkeit nannte man das **Esen,** und sie oblag (wie auch das Ausgraben der Würmer aus dem Watt) den Frauen. Orte an der Nordseeküste – Esens, Esenshamm, Esbjerg – erinnern noch heute an diese Arbeit.

• Der Jungteil mit Küche

Gekocht wurde seinerzeit auf offenem Torffeuer; die **Kombüse** muss häufig ganz schön verqualmt gewesen sein. Erklärend wird dazu gesagt, dass man allerlei leckere Eintöpfe mit Fleisch und Wurst anzurichten verstand. Damalige Inselbesucher waren jedoch, wie schon vorstehend erwähnt wurde, ganz anderer Meinung; sie beschrieben die **lokalen Kochkünste** und den ewigen Fisch mit wenig Enthusiasmus – aber vielleicht hat man ihnen die guten Sachen ja vorenthalten. Trotz des unablässigen Geredes von der „friesischen Gastfreundschaft“: Ich kann mich nicht erinnern, im Ostfriesischen jemals auch nur zu einer Tasse Tee eingeladen worden zu sein, und wenn, dann stets von Ausländern.

Neben der Küche wohnten und schliefen die Jungfischer. Immer dicht am Kochpott – junges Volk hat ja dauernd Hunger.

● **Achterhuus (Hinterhaus)**
Schafstall und Toilette befanden sich hier früher. Heute hat man an dieser Stelle, vielleicht nicht völlig unpassend, eine **Nebelkanone** untergebracht, die einst bei dickem Wetter einen stündlichen Schuss abgab, um den Fischern auf See die Richtung zu weisen. Ebenfalls zu bestaunen in diesem Gemach gibt es ein Paar **Schlittschuhe** aus dem Jahre 1820 und ein **Aalfanggerät** namens „Elger".

Aussichtsdünen

Mehrere hochgelegene Aussichtspunkte sind über die Insel verteilt, leicht zu finden, handelt es sich doch um die einzigen natürlichen Erhebungen. Sie sind ein paar Meter höher als das umgebende Gelände – man erwarte keine Gebirge. Die ohne Zweifel beliebteste Aussichtsdüne ist die **Georgshöhe** am östlichen Ende der Strandpromenade – 20,6 schwindelnde Meter ist sie hoch.

„Graffiti-Wrack"

Kurz vor Weihnachten 1967 lief ein **Heringslogger** mit dem klangvollen Namen *Ministerialrat Streil* auf dem Weg von Glückstadt nach Emden vor der so genannten Rattendüne im äußersten Osten von Norderney auf Strand. Das Schiff saß hoffnungslos fest und wurde von seiner Besatzung aufgegeben. Darauf witterte der Eigner des arbeitslosen **Muschelsaugers** *Pionier* aus Bensersiel seine große Chance. Er brachte sein Fahrzeug vor dem Havaristen in Position und begann eine Rinne auszubaggern, durch die er den Logger freischleppen wollte. Dummerweise buddelte der *Pionier* sich dabei selber fest, und zwar unwiderruflich. Der Logger wurde im Frühjahr von ein paar Schleppern aus seiner Zwangslage befreit, doch der Bagger **blieb „auf Schiet" liegen.**

Das Wrack und das Unbehagen an der Moderne

Was lässt ansonsten ganz vernünftige Leute viele Kilometer zu Fuß zu einem Rostklumpen wie Norderneys „Graffiti-Wrack" hinauspilgern und selbigen bestaunen, als handele es sich um den Louvre oder Petersdom?

Die Faszination von etwas Verfallenem und „gediegen Heruntergekommenem" *(natur)*, von Romantik und Nostalgie, und sei es nur ein Hauch davon, wohnt dem Menschen in tiefster Seele offenbar inne. Viele von uns nehmen den Urlaub für „die Suche nach der verlorenen Zeit", so der amerikanische Autor *Morris Berman*, für die Erkundung einer Abenteuer- und Märchenwelt wahr, die uns in der erlebnisarmen Realität des genormten heutigen Alltags längst abhanden gekommen ist. Die US-Zeitschrift *Time* sieht in diesem Trend „ein diffuses Unbehagen an der Moderne", ein verzweifeltes Streben, trotz des Überangebots prächtiger technischer Einrichtungen vom Handy bis zum Marsroboter, nach dem gewissen Etwas jenseits des Zugriffs der Ordnungsämter. Als eine der Folgen dieses Unbehagens glaubt *Time* den dramatischen Anstieg von Stresskrankheiten und Depressionen ausgemacht zu haben. Die eckige Perfektion, die für uns zur permanenten Lebensform geworden ist, ruft nach Ausbrüchen in eine Welt liebenswerter Relikte und wärmender Rundungen; wer die Hygiene satt hat, möchte sich einmal richtig im Dreck suhlen; wer stets Männchen ist, wäre gern mal Mann, möglichst gleich „Pirat". Das alte Muschelsaugerwrack erfüllt diese Ansprüche gewiss nur sehr unzureichend, aber einen kleinen Teil des bewussten Unbehagens lindert es angesichts seiner Popularität vielleicht.

Und da liegen seine Reste heute noch, ein populäres Wanderziel für Badegäste und insbesondere Graffitikünstler, die die Rostlaube im Lauf der Jahre in ein **buntes objet d'art** verwandelt haben. Der *Pionier* stellt nichts Aufregendes im Sinne eines Titanic-Wracks dar, aber dafür ist er auch (ausnahmsweise) eintrittskostenfrei.

Das Wrack **liegt weitgehend trocken** auf einer kleinen Sandbank. Bei Tidenhöchststand wird die Bank zum Inselchen; das Wasser ist dann aber bei normalem Hochwasser lediglich knietief, und man kann hinüberwaten.

Gleich dahinter, an der Fahrrinne nach Baltrum, reihen sich dicht an dicht die **Seehunde.** Das Betreten ihres Reviers, bereits Teil des Nationalparks, ist streng verboten. Seehund und Landmensch trennt ein Drahtzaun – man übersteige ihn nicht.

Kaiser-Wilhelm-Denkmal

1898 wurde es auf der Einmündung der Straße Herrenpfad in die Friedrichstraße zu Ehren des *Kaisers Wilhelm I.* errichtet, der sich des öfteren für Norderneys Belange eingesetzt hatte. Dicke **Felsquader aus sechzig deutschen Städten** fügte man auf der Insel zum wilhelminischen Obelisken zusammen, an dem heute kein Vorbeikommen ist. 100 Tonnen Felsbrocken aus den jeweils für den Ort charakteristischen Gesteinen, jeder mit einem eingemeißelten Städtenamen versehen, wurden insgesamt in dem Denkmal verbaut.

Zur See hin war das Monument ursprünglich mit einer Bronzebüste des Gepriesenen versehen. Als dessen Sohn, *Wilhelm II.,* seinen Krieg begann, wanderte das Metall schmählich in den Schmelzofen. An Stelle der Büste trat später eine geradezu peinlich **kitschige weiße Möwe,** die in auffallendem Kontrast zu dem ansonsten recht gediegenen Bauwerk steht, worüber man sich noch heute ärgern darf.

Kap

Norderneys „Kap" ist eine **Peilbake aus alter Zeit,** als stabiler Klinkerbau wieder hergerichtet und

Kaiser-Wilhelm-Denkmal

zentrales Symbol des Stadtwappens. Das Bauwerk steht auf einer Düne unfern des unübersehbaren eckigen Wasserturms. Eine Treppe führt hinauf, die man ohne Eintrittsgeld erklimmen darf, aber viel weiter als aus der Froschperspektive kann man von den paar Metern Höhe auch nicht sehen.

Kirchen

Die Kirchen Norderneys stammen alle aus relativ junger Zeit und sind kaum besonders schön oder sehenswert zu nennen. Eine – kein Name sei genannt – ähnelt architektonisch sogar einer Großgarage ... Das Innere der Gotteshäuser ist mitunter jedoch ganz interessant zu betrachten und lädt Kirchenfreunde zu einer Besichtigungstour ein.

Kurpark und Kiefernwald Eine **künstliche Teichanlage** und ein wenig Grün an der Ecke Marien- und Mühlenstraße stellen den Kurpark dar – nicht gerade überwältigend.

Wer sich nach ein wenig mehr Vegetation sehnt, findet entlang der Richthofenstraße im Osten des Ortes aber einen richtigen **Kiefernwald** von gut 500 m Ausdehnung.

Leuchtturm Norderneys höchstes Bauwerk steht in der Mitte der Wattenküste und ist über eine Straße zu erreichen. Über 253 Stufen kann man den Leuchtturm erklimmen. Mindestens 40.000 Besucher machen sich alljährlich diese Mühe, um aus luftiger Höhe einen weiten Rundblick über Insel und Nordsee zu genießen – soweit dies durch ein sehr enggefügtes Schutzgitter überhaupt möglich ist.

- **Info:** Geöffnet 1.5.–14.10. täglich 14–16 Uhr (im Sommer bis 17 Uhr), Tel. 938888. Mit der NorderneyCard gibt's einen (einmaligen) Aufstieg zum Nulltarif, sonst kostet er 1 € für Erwachsene und 0,50 € für Kinder unter 15 Jahre.

Napoleonschanze Von dieser im Jahre 1810 errichteten **Befestigungsanlage** sind nur noch ein paar Erdwälle übrig. Besucher des benachbarten Kurparks suchen das dichte Grün offenbar gerne auf, um dort das eine oder andere Geschäft zu verrichten.

Rettungsbootsmuseum In einem Schuppen am **Weststrand.** Gezeigt wird einiges aus der Zeit des Ruderrettungsboots *Fürst Bismarck*.

- **Info:** Geöffnet 2-4x monatlich (Aushang) von März bis Oktober. Eintritt: freiwillige Spende für die DGzRS.

Seenotrettungskreuzer Am Kai des Norderneyer Hafens liegt, gut sichtbar mit seinen rot-weißen Farben und ständig einsatzbereit, der **Rettungskreuzer Bernhard Gruben** der Deutschen Gesellschaft zur Rettung Schiffbrüchiger, die bereits seit 1862 auf der Insel vertreten ist. Besucher sind nicht zugelassen – es ist auch gar kein Platz für sie da –, aber man kann das seetüchtige Schiff auch von der Pier aus bewundern.

Der Norderneyer Leuchtturm

Im Jahre 1872 wurde mit dem ***Bau*** des Leuchtturms von Norderney begonnen. Auf Borkum, Helgoland und Wangerooge gab es bereits Leuchtfeuer; nun galt es, die empfindliche Lücke zu schließen, die in der Mitte der ostfriesischen Inseln klaffte. Das Deutsche Reich, gerade ein Jahr alt, begann zu erblühen, und die Sicherheit der Seeschiffahrt wurde zu einem hochwichtigen Anliegen.

Am 2. Oktober 1874 nahm der neue Wegweiser, 53,6 Meter hoch, seinen Betrieb auf. Doch er sollte sich nicht als Freund und Helfer der Seefahrer erweisen, zumindest nicht in den ersten Jahren.

Sei es, dass preußischer Bürokratismus die Sache herauszögerte, sei es, dass deutsches Beamtentum schon damals mit seinem bekannten ***Geheimhaltungsfimmel*** infiziert war, sei es, dass so kurz nach dem deutsch-französischen Krieg immer noch fremdenfeindliches Denken die hiesige Psyche beherrschte – jedenfalls wurde die internationale Schifffahrt nicht auf das Vorhandensein dieses neuen Seezeichens aufmerksam gemacht.

Wie sehr ein ***unbekannter Leuchtturm den Seemann irreführt,*** zeigte sich am 19. September 1878. Der große britische Segler ***Argyra*** war mit einer Ladung Häute von Buenos Aires nach Hamburg unterwegs. Kapitän *Luckham* hatte in England seine Frau und Tochter an Bord genommen. Dies sollte seine letzte Fahrt sein; er wollte das Schiff dann seinen (ebenfalls an Bord befindlichen) beiden Söhnen übergeben und sich nach einem Leben auf See zur Ruhe setzen. Das Leuchtfeuer des Norderneyer Leuchtturms, das in der stürmischen Nacht auftauchte, hielt man für das von Helgoland.

Die *Argyra* steuerte, vermeintlich in Richtung Elbmündung, auf Südostkurs daran vorbei – und saß wenig später am Strand von Juist auf. Beim Versuch, die beiden Frauen zu retten, kam Kapitän *Luckhams* gesamte Familie ums Leben. Das Schiff geriet zum ***Totalverlust.*** Der gramgebeugte Alte begrub seine Familie und seinen Traum vom Landhäuschen. Er fuhr weiter zur See – ein Opfer des Leuchtturms von Norderney ...

Wer heute den Leuchtturm besteigen will, muss, wie eben erwähnt, ebenfalls ein Opfer bringen. Aber immerhin ist der Turm jetzt in den Seekarten verzeichnet.

Tonnenhof Norderneys Tonnenhof, dicht am Fähranleger, nimmt das Dreieck zwischen der stadtwärts führenden Hafenstraße und der rechts abzweigenden Deichstraße ein. Hier sind zahlreiche **Seezeichen in bunten Farben** gelagert, teils eingemottet, teils auf Überholung wartend.

Für den **Fotografen** ist dies ein gefundenes Fressen. Er braucht auch gar nicht das Gelände zu betreten (was ohnehin „verboten" ist), sondern kann gemächlich durch den Maschenzaun knipsen - großartige Motive garantiert!

Windmühle Die alte Inselmühle wurde 1862 erbaut. Sie trägt den **Namen** *Selden Rüst* - selten Ruhe. Weit über hundert Jahre hat sie in der Tat geklappert und manchen Sturm abgewettert. Anno 1951 bereitete ein **Feuer** der Ruhelosen allerdings fast den ewigen Frieden. Der Wiederaufbau gelang jedoch schnell, und bald drehte sich das große Windrad wieder. Lange indes nicht mehr. Heute ist die Mühle außer Betrieb und beherbergt ein **Restaurant.** Ansehnlich ist sie aber immer noch.

Informatives,
Besinnliches,
Lustiges

Inselgeschichte

Anfänge

Entstehung der Insel

Von den sieben Ostfriesinnen ist die Insel Norderney dem Ursprung nach die jüngste; sie existiert als eigenständiges Eiland erst seit der Mitte des 16. Jahrhunderts. Etwa 400 Jahre vor diesem Datum lag ungefähr in der heutigen Position Norderneys die **Insel Buise.**

Die schwere Marcellusflut von 1362 war es wohl, die dieses Eiland in zwei Teile zerbrach, deren östlicher den Namen Osterende erhielt. Buise selbst wurde immer kleiner und verschwand nach der Petriflut von 1651 endgültig in der See. **Osterende** jedoch wuchs zusehends und wurde alsbald in **„Norder neye Oog"** (Nordens neue Insel) umgetauft.

Seerettung im 19. Jh.

Besiedlung Anno 1550 war dieses Neuland **erstmals besiedelt:** Immerhin 16 Häuser und 80 Insulaner zählen die frühesten Annalen Norderneys auf. **Hundert Jahre später** sind es immer noch lediglich 18 Häuser, und mit 101 Einwohnern hat sich keine große Zunahme ergeben. Doch die aus einer Sandbank entstandene Insel ist bereits 8,3 km lang und etwa 10 qkm groß; sie hat sich weiter verfestigt und heißt jetzt „Norderneia" oder „Nordernia".

Historisch Bedeutsames hört man indes lange nicht. Auch sind heute keine Baudenkmäler aus jener Zeit zu besichtigen, denn bei der Ansiedlung handelte es sich um eine **Fischerkultur einfachsten Zuschnitts.** Die Bevölkerung ernährte sich mehr recht als schlecht von dem, was die Nordsee zu bieten hatte, und das war nicht immer nur Fisch. Manchmal trieb ein dicker Wal auf den Strand, so anno 1532 – er gab, penibel festgehalten, 10 Wagenladungen Tran ab.

Und mitunter kam es *noch* dicker, wenn nämlich ein Schiff an der Inselküste zu Bruch ging. Dann ging's ans **„Strandjen"**, denn das Wrack war vogelfrei, und ein bisschen nachgeholfen, um es noch wracker zu machen, hat man ab und zu wohl auch.

Gott segne unseren Strand!

Die ***erste dokumentierte Strandung auf Norderney*** ereignete sich 1638, als ein Bremer Kauffahrteischiff mit reicher Ladung vor der Insel verloren ging. Die Fracht bestand aus Heringen in Fässern, Tran und Branntwein, und sie verflüchtigte sich auf sehr schnelle und höchst mysteriöse Weise. Die Bremer Eigner versuchten ihre Habe später einzuklagen, doch die Insulaner warfen fromm die Augen zum Himmel und wussten von nichts. Der Schnaps hat ihnen bestimmt gut geschmeckt, die Heringe weniger, denn sie hatten ja selber welche.

Als 25 Jahre später ein ***schwedischer Segler*** Opfer der Untiefen wurde, fiel den Norderneyern wiederum ein gut Teil der Ladung in die Hände. Dieses Mal standen sie aber selbst als Angeschmierte da, denn flinke holländische Berger kamen ihnen zuvor und sicherten sich eine fette Beute.

Die Inselchronik des 17. des 18. Jahrhunderts verzeichnet immer wieder katastrophale Strandungen und ein ***buntes Allerlei von geretteten Frachten*** wie „Bohnen und Erbsen, Tabak, Pflaumen (!), Strümpfe, Ingwer, Indigo, Kohlen" und vieles mehr.

Auch ist stets aufs Neue die Rede von ***Zwistigkeiten mit dem Inselvogt,*** einem vom Festlandsfürsten eingesetzten Aufpasser, der seinem Chef zwei Drittel des geborgenen Strandguts sichern musste. Dieser Mann hatte zweifelsohne einen sehr undankbaren Job und stand ständig zwischen zwei Stühlen. Mit den Insulanern gab es dauernd Krach. In einer besonders kritischen Phase (1711) war es ihnen nicht einmal erlaubt, allein an den Strand zu gehen – sie hätten ja etwas verschwinden lassen können! Erst nachdem 1862 die Rettungsstation Norderney der Deutschen Gesellschaft zur Rettung Schiffbrüchiger etabliert wurde, zeichnete sich ein Ende der Ära des Strandjens ab.

Oder etwa doch nicht? Als am 29. März 1925 der ***Frachter Lavinia*** vor Norderney in Seenot geriet, wurde die Besatzung zwar ordnungsgemäß abgeborgen, doch vom Strand aus richteten sich viele glühende Augen auf das hilflose Wrack, und mancher Fuß stand sprungbereit. Von allen Ecken und Enden der Nordsee eilten Bergungsfahrzeuge heran, die nur das Beste der *Lavinia* wollten. Das Beste waren 2250 Kilo Feingold und über 20 Tonnen Silber – Stützmaterial für die darbende deutsche Währung – in den Laderäumen des Schiffes, heute etwa ein Wert von 25 Millionen Euro. Der Abtransport des Schatzes fand jedoch unter der Obhut der Reichswehr statt, und so war es diesmal nichts mit einem Griff in die Kasse.

Und als der ***Dreimastschoner Lita*** im Sommer 1976, also noch gar nicht allzulange her, auf der Fahrt von Norderney nach Westen Motorschaden hatte und auf Juist an den Strand trieb, wurde das Schiff von seiner Besatzung für eine Nacht verlassen. Das Wetter war ruhig, was konnte schon passieren. Es passierte. Bis zum Morgen hatten Strandräuber die *Lita* so ausgeplündert, dass der verzweifelte Eigner – ein Musikprofessor aus Wien – sie aufgab. Aber daran waren, wie man annehmen darf, die Juister und nicht die Norderneyer beteiligt.

Seebadgründung und Franzosenzeit

Erste Initiativen

1744 kommt Ostfriesland und somit auch Norderney zu Preußen, doch auf der immer noch sehr urwüchsigen Insel verändert sich zunächst nichts. Die Geschichte gerät erst in Bewegung, als im Jahre 1783 auf dem Nachbareiland Juist der Inselpastor **Gerhard Otto Christoph Janus** nach englischem Vorbild ein öffentliches Seebad in Gang bringen möchte. Zwar bleibt es bei der Planung; auf Juist wird erst viel später gebadet.

Aber auf Norderney ist man hellhörig geworden, zumal in **Doberan** bei Rostock 1794 das **erste deutsche Seebad** seinen Betrieb aufgenommen hat und, Gesundheit hin und her, offenbar ganz ordentlich Geld verdient.

Der Mann, den man mit Fug und Recht als „Gründer des Seebades Norderney" bezeichnen darf, ist der Medizinalrat **Dr. Friedrich Wilhelm von Halem** aus Aurich, Landesphysikus der preußischen Provinz Ostfriesland und, nach heutiger Terminologie, „Spezialist" für Heilmethoden mittels Seeluft und -wasser. 1797 schreibt er: „Zur Errichtung einiger Badeanstalten ist vorzüglich die Insel Norderney bequem, theils wegen ihres flachen Strandes und theils wegen ihres Zusammenhanges mit dem festen Lande zur Zeit der Ebbe. Auch zweifle ich nicht, dass sich bei guten Anstalten und wenn man den Nutzen der Seebäder allgemein kennen wird, die Zahl der Badenden von Jahr zu Jahr vermehren wird, welche dort ihre oft lang entbehrte Gesundheit wieder erlangen werden."

Dieser Eingabe an die ostfriesischen Stände war bereits im selben Jahr eine Initiative des Inselvogtes **Diedrich Feldhausen** vorangegangen, der auf Norderney ein Wirts- und Gästehaus betrieb und sich eine Erweiterung seiner Geschäfte erhoffte. Sein Antrag wurde jedoch abgelehnt.

Gründung und erste Jahre

Auch *von Halems* Vorstoß scheiterte trotz königlicher Genehmigung seines Projekts zunächst, und zwar am fehlenden Geld. Nach und nach kamen indes genügend finanzielle Beiträge zusammen, um 1799 das **Seebad Norderney in Betrieb nehmen zu können.** (Als offizielles Gründungsdatum gilt das darauffolgende Jahr, in dem die erste öffentliche Badesaison stattfand. Trotzdem wurde 1997 in großem Stil das 200jährige Bestehen des Seebades gefeiert.) Ein so genanntes Konversationshaus von schlichter Bauart bildete das Zentrum des Kurgeschehens.

Beim Vogt *Feldhausen* klingelte die Kasse bereits höchst lieblich, denn er war für die Bewirtung der **Gäste** zuständig. Im Jahre 1800 betrug deren Zahl immerhin schon 250, und auch eine stattliche Anzahl der Eingeborenen (insbesondere Seemannswitwen) profitierte von den Geschäften, denn *von Halem* hatte sie zur Aufnahme von Fremden

überreden können. Er selbst, der Physikus, rühmte sich guter Erfolge bei seinen „Anwendungen", was wohl nicht zuletzt darauf zurückzuführen ist, dass seine Patienten auf Norderney endlich einmal den Mief der Städte gegen frische Seeluft eintauschten und, manche vielleicht erstmals, ein vernünftiges Bad zu nehmen vermochten. Einer der ersten prominenten Besucher war (im Jahre 1804) der olle *Blücher*. Der brauchte auch Entspannung und Erholung, denn er sollte in Kürze noch viel zu tun bekommen ...

Proteste

Trotz der klingelnden Kassen passte den **stockkonservativen Norderneyer Oldtimern** die ganze Entwicklung gar nicht so recht. Sie, die vorher freie Fischer und Seefahrer

Kurgäste zu Beginn des 19. Jh.

gewesen waren, im Lebenskampf stehende Männer und Frauen, sollten in dieser neuen Zeit plötzlich Gästebetten machen und den Kellner spielen? So kam es dann, dass einige der Insulaner sich „theils aus Muthwillen, theils aus Bosheit an den Gebäuden der Seebade-Anstalt vergriffen, Steine auf die Dächer geworfen, Schlösser ruiniert und alles mit Kreide bemalt haben". Man stelle sich vor, die guten Leutchen hätten Spraydosen zur Verfügung gehabt! **Hooliganismus** ist eben keineswegs eine Spezialität der heutigen Zeit und erkennbar ein Mittel, seinen Unmut mit den bestehenden Verhältnissen zu bezeugen ...

Französische Besatzung

Das Jahr 1805 ist für Norderney voll schicksalsträchtiger Bedeutung. Nicht nur erschüttert Kriegsfurcht die deutschen Lande und führt zu einem fühlbaren **Rückgang des Badebetriebs;** lediglich 460 Gäste besuchen die Insel, weit unter den Hochrechnungen. Der Badearzt und Seebad-Initiator *von Halem* verlässt nach einigen Querelen Norderney, peinlicherweise „aus gesundheitlichen Gründen", wie es offiziell heißt.

Im Jahr darauf bleibt die „wohltuende Seebadeanstalt" gar ganz geschlossen, nachdem die **ersten napoleonischen Truppen** auf der Insel in Erscheinung getreten sind. Norderney gehört jetzt zum Königreich der Niederlande, sozusagen als Kolonie, und der Abstieg ist nicht mehr aufzuhalten. 1810 wird Ostfriesland französisch, aber die Sieger haben kein Interesse an Kur- und Badegeschäften. Statt dessen bauen sie auf Norderney eine ausgedehnte Befestigungsanlage, die noch heute bruchstückhaft erhaltene **„Napoleonschanze“** (siehe oben). Die wenigen Kureinrichtungen verfallen; Norderney wird Garnison, sogar militärisches Sperrgebiet, um einen florierenden Seeschmuggel mit dem (englischen) Helgoland einzudämmen. In den Gästehäusern logieren *Bonapartes* Soldaten. Ein Versuch im Jahre 1813, den Kurbetrieb nach Norddeich auszulagern, misslingt.

Neubeginn nach dem Krieg

Aufbruch in eine neue Zeit

1813 ist aber auch das Jahr, in dem *Napoleon* in der Völkerschlacht von Leipzig eine vernichtende Niederlage erleidet. Der Marschall *Blücher,* der ihm diese Schlappe bereitet, war in seinem Norderneyer Erholungsurlaub offenbar gut zu Kräften gekommen. Der Krieg neigt sich jetzt seiner Schlussphase zu, die **französischen Truppen ziehen ab.**

Prompt erklärt sich die nunmehr wieder für das verarmte Ostfriesland zuständige preußische Regierung bereit, die Seebadeanstalt **für einen Neubeginn zu unterstützen.** In der Saison von 1814 spielt schon eine neue Kurkapelle auf, und für die Inselgäste ist eine „schickliche Bibliothek zu ihrer Erbauung“ eingerichtet worden. Alsbald kann man sowohl per Boot als auch per Wattwagen nach Norderney reisen, und im August krönt eine große Sause, die **Geburtstagsfeier des preußischen Königs** *Friedrich Wilhelm III.*, die bisherigen Erfolge. Die zeitgenössische Presse berichtet über die Begebenheit in rollender Prosa:

„Auch hier an einem der äussersten Gränzpuncte des Preussischen Staates war der gestrige Tag ein Tag der allgemeinen Freude.

Die Bewohner der Insel, lauter Schiffer und Fischer, hatten durch Entziehung ihres Broderwerbes acht volle Jahre den Kelch bitterer Leiden getrunken, ja fast geleert. Auch für sie ist die Sonne der Hoffnung besserer Zeiten von neuem aufgegangen und belebt schon jetzt die völlig niedergedrückten Gemüther. Kein Wunder, wenn auch dieses mitten in der Nordsee einsam wohnende Völkchen, welches immer wegen seiner Anhänglichkeit an ihren Regenten bekannt war, am gestrigen Tag mit allen Ausbrüchen herzlicher Theilnahme der Vorsehung für die glückliche Wendung ihres Schicksals dankte und mit der hier beim Seebade versammelten Gesellschaft ihre herzlichen Wünsche für das Wohl des besten Landesvaters zum Himmel erhob.

Am Morgen des festlichen Tages versammelte sich die ganze Badegesellchaft, in so weit sie im Stande war, Theil zu nehmen, im Conversationshause, und bildete von da aus einen Zirkel mit den Insulanern, in dessen Mitte das Musikchor das bekannte herzerhebende Lied Heil unserm König Heil! spielte, worauf unter dem Donner der Kanonen und dem Geläute der Glocken ein Lebe hoch! aus der Tiefe der gerührten Herzen erscholl, welches beim frohen Mittagsmahle von der aus etwa 70 Personen bestehenden Badegesellschaft wiederholt wurde.

Nach Tische wurden die Einwohner auf der grünen Wiese von der Badegesellschaft zum Tanz eingeladen und bewirthet. Um 9 Uhr abends wurde ein Feuerwerk abgebrannt, welches nebst mehrern auf den Dünen angezündeten Theertonnen einen Anblick gewährte, den das feste Land nicht so feierlich darzubieten im Stande ist. Die vielen aufgepflanzten Flaggen machten einen vorzüglich auffallenden Eindruck.

Ein fröhlicher Ball machte dem Tage und dem Feste ein Ende, welches durch keinen einzigen widrigen Eindruck gestört wurde, wozu das herrlichste Wetter und der feierlich stille Abend unter dem sanften Rauschen der Nordsee so vieles beitrug. Kurz, der Himmel lächelte Beifall, denn die dankbaren Kinder feierten ja das Geburtsfest ihres guten Vaters!"

Unter hannoveranischem Regime

Illustre Gäste

Der gute Vater! Cleveres Marketing dieser Art trägt rasch zum Bekanntwerden der Vorzüge Norderneys auch über regionale Grenzen bei. Der Krieg hat mittlerweile ein Ende gefunden, Norderney ist hannoveranisch geworden, und auch der **Dr. von Halem ist wieder da.** Er tritt mit diesen munteren Worten zum neuerlichen Bäderdienst an:

„Der hergestellte Ruhestand wird seinen wohlthätigen Einfluß während der nächsten Badezeit gewiß auch auf unsre vaterländische Anstalt erstrecken, und die Najaden des teutschen Meeres werden die Erinnerungen der traurigen Vergangenheit, von dessen Gestade in den Ocean senken."

Ärgerlicherweise spielt das Wetter des ersten Nachkriegssommers nicht so recht mit und, sehr zum Verdruss des Docteurs, auch manche der Badegäste nicht, die einfach so zum Spaß und ohne medizinische Anleitung im salzigen Nass herumplanschen. Und das, obwohl es jetzt sogar einen „Badekommissar mit Polizeibefugnis" gibt ... **Wenn schon baden, dann teutsch!** Anno 1819 wird dem p.p. publico die Sache mit diesem langen Satz schmackhaft gemacht:

„Als Vergnügungsort wird es demjenigen zusagen, den der erhabene Blick des Oceans erfreut, der einige gewohnte Bequemlichkeiten gegen den Genuß der freien Natur und aller derjenigen originellen Vergnügungen auszutauschen Lust fühlt, welche eine insularische Lage, das

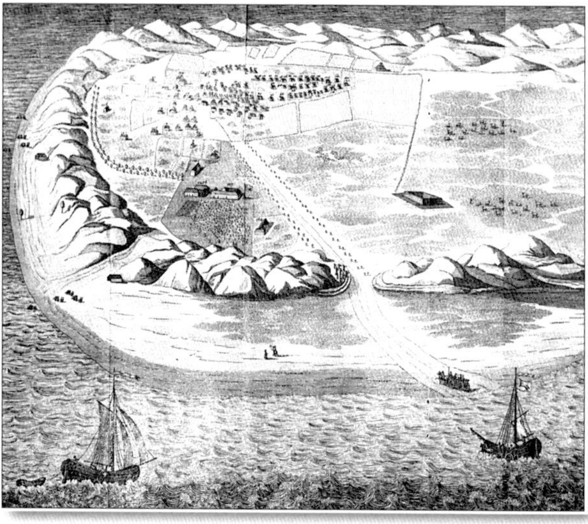

erquickende unvergleichliche Seebad, kalt oder warm in Gebrauch gezogen, mit allen seinen wohltätigen Folgen für Geist und Körper, die Excursionen nach den umliegenden Inseln, der Fischfang, die Betrachtung und Untersuchung des Strandes mit seiner Conchylien-Welt und die Beobachtung unverdorbener Naturmenschen darbietet."

Mit denen sind *Heines* (ein paar Jahre später geschilderte) „Neandertaler" gemeint, und auf deren Anblick wollen die Abenteuerreisenden natürlich nicht verzichten. Allerlei illustre Persönlichkeiten besuchen die Insel; die ganze **Schickeria Ostfrieslands** vom rinderreichen Bauernadel bis zum Herrn Controlleur von der Billetknipsstelle Emden und der Frau Commerzienrat vom Auricher Fischgeschäft ist vertreten. Alles, nicht nur die Titel, wird auf gute teutsche Art sorgfältigst verbucht, unter anderem, dass (1820) 5829 Seebäder genommen und 397 warme Bäder verabreicht werden.

Norderney anno 1850

Und alsbald reisen die **Gäste sogar von fernher** an! Herr *J. G. Müller* und Frau aus Hamburg „danken dem Herrn Medicinal-Rath und Hofmedicus Koeler, Ober-Appellations-Rath Herrn Spiel, so wie dem Badearzt Doct. med. Bluhm (nebst den sämtlichen Badegästen der Insel Norderney) für die erzeigte Güte", und sie sind im nächsten Jahr bestimmt wiedergekommen. Norderney zehrte schon zu einem frühen Datum von Stammgästen.

Weitere Fortschritte

Einen weiteren Aufschwung gibt die **Eröffnung des Norderneyer Spielkasinos** im Jahre 1822. Vieles was im Königreich Hannover (zu dem die Insel ab 1815 gehört) und weit darüber hinaus Rang und Namen hat, findet sich irgendwann einmal auf Norderney ein, um das Wagnis eines Seebades auf sich zu nehmen und anschließend im Kasino sein Geld zu verjuxen.

Der Medizinalrat *von Halem,* bejahrt, aber weiterhin rüstig, beobachtet die Weiterentwicklung seines Lebenswerkes mit großem Wohlgefallen. Sein Wunschtraum, dass sich die **Zahl der Badenden** vermehren möge, hatte sich erfüllt. Die 11.141 See- und 581 warmen Bäder des Jahres 1830 müssen ihn geradezu hingerissen haben! 1835 stirbt der Gründer des Seebades Norderney. Den Bau des **prächtigen Kurhauses,** fünf Jahre später, noch zu erleben, ist ihm nicht mehr vergönnt gewesen.

Königlicher Besuch

Auch die nächste lokalhistorisch gewichtige Begebenheit sollte der gute *Dr. von Halem* nicht mehr erleben. Anno 1836 verlegte **König Georg V. von Hannover** nämlich seine Sommerresidenz auf die Insel. Das hatte an und für sich nicht viel zu bedeuten, denn der Regent war blind und deshalb kaum in der Lage, sich der insularen Welt in vollem Umfang zu erfreuen. Dennoch war der Jubel groß. Norderney hatte sozusagen den Ritterschlag zum „Königsbad" erhalten.

Ein fast tragisch verlaufener Zwischenfall ließ die Insel (1861) noch weiter ins Licht der königlichen Gunst rücken. Der 17jährige Kronprinz *Ernst August,* einziger Nachkomme des Herrscherhauses, geriet nämlich in arge Wassersnot und wurde von dem Norderneyer „Schwimmer und Badeknecht" *Gerrelt Janßen* vor dem Ertrinken gerettet. Majestät erwiesen sich als nicht undankbar. Dem **Retter des Kronprinzen** wurde eine Stiftung eingerichtet, und der König sprach der Gemeinde seine „innigste Anerkennung dafür aus, daß sie in gläubigem Bewußtsein frommen Dankes gegen den Herrn und im Geiste treuer Anhänglichkeit an das angestammte Herrscherhaus der Erinnerung an den Segenstag ein Denkmal weihen wolle, wo der Kronprinz am Gestade der geliebten Insel uns als ein Neugeschenk zurückgegeben wurde." Das so genannte Kronprinzen-

Heinrich Heine und das Lied am Meer

Den Sommer 1825 verbrachte der *„Dr. jur. Heine* aus Göttingen" (so die Fremdenliste) auf der Insel und schrieb bei der Gelegenheit zwölf Gedichte, die alle, vor einem mythologischen Hintergrund, das Meer zum Thema hatten.

Im Folgejahr war der *„Dr. jur. Heine* aus Düsseldorf" sogar für mehrere Monate präsent. In einem Brief vom 14. Oktober schrieb er: „Von Anfang September bis zur Abreise blieb ich fast der einzig übriggebliebene Badegast. Ich miethete mir ein Ever und zwey Schiffer und den Tag über fuhr ich beständig auf der Nordsee herum. Die See war mein einziger Umgang - und ich habe nie einen besseren gehabt ..."

Besonders gerne hielt sich der Dichter auf der ***Marienhöhe*** an der Strandpromenade auf, von der der Blick weit über die Nordsee schweift. Entsprechend wurde auch *Heine* inspiriert. Er schrieb hier seine *Nordseereise,* von der auszugsweise schon an früherer Stelle die Rede ist, und das Gedicht *Lied am Meer,* das später von *Franz Schubert* vertont wurde. Es ist bestimmt nicht das größte Werk *Heines,* aber ein hübsches Rührstück:

Das Meer erglänzte weit hinaus
im letzten Abendscheine.
Wir saßen am alten Fischerhaus,
wir saßen stumm und alleine.

Der Nebel stieg, das Wasser schwoll,
die Möve flog hin und wieder
und aus Deinen Augen liebevoll
fielen die Tränen nieder.

Ich sah sie fallen auf Deine Hand
und bin aufs Knie gesunken.
Ich hab von Deiner weißen Hand
die Tränen fortgetrunken.

Seit jener Stunde verzehrt sich mein Leib,
die Seele stirbt vor Sehnen.
Mich hat das unglückselige Weib
vergiftet mit ihren Tränen.

So zartfühlend konnte der sonst recht sarkastische Poet sein. Sollte es am Klima, der an früherer Stelle erwähnten „solaren Dröhnung" gelegen haben? Möglich wär's.

Denkmal, ein Obelisk, wurde 1866 errichtet, doch im Jahre 1938 auf bürgermeisterliches Geheiß zerschlagen. *Gerrelt Janßen* kam am 13. November 1870, einem schwarzen Tag in der Inselgeschichte, zusammen mit neun anderen Fischern in einem Nordseeorkan ums Leben.

Bismarck

Um „fürstliche Personen in passender Weise" unterzubringen, errichtete man 1837 das „Große Logierhaus" (das heutige Kurhotel) und proklamierte das Eiland zum exklusiven **Treffpunkt des Adels** (einschließlich des Geldadels) und der Geistesprominenz. Unter den zahlreichen VIPs, die sich in den nächsten Jahren einfanden, war (1844) auch **Otto von Bismarck.** Von dieser Reise (auf der er das vorstehend beschriebene Gewitter erlebte) schrieb er an seinen Vater:

„... Erst am Dienstag früh kamen wir in Norderney an. Das Bad ist charmant, namentlich ein herrlicher, sandiger Strand, ein schönes, großes Gesellschaftshaus. Des Vormittags, nach oder vor dem Bade, wird Kegel geschoben mit riesenhaften Kugeln, außerdem verteilt sich die Zeit auf Whist- und Pharaospielen, moquieren und hofieren mit den Damen, spazieren am Strande, Austern essen, Kaninchen schießen und des Abends ein bis zwei Stunden tan-

Die Marienhöhe heute

zen. Eine einförmige, aber gesunde Lebensweise. Soeben bringt man mir das gebräuchliche Abendständchen, wofür ich einen Thaler werde bezahlen."

„Moquieren mit den Damen" – in der Tat. *Bismarck* hatte sich Norderney, wo eine Gedenktafel am Haus Marienstraße 5 seit 1898 an ihn erinnert, offenbar als Teststrecke für seine Strandabenteuer im französischen Biarritz ausgeguckt. Er soll in Norderney – schlimm, schlimm! – maßgeblich an der Stapellegung eines außerehelichen Kindes beteiligt gewesen sein, was man im heutigen Norderneyer Kurbetrieb eher verkniffen zur Kenntnis nimmt. („Wen interessieren diese ollen Kamellen?" – Doch, doch, manchen geschichtsbewussten Leser schon, denke ich.) Nachdem „der ehrliche Makler" sich auf Norderney Appetit geholt hatte, zog es ihn an die Biskaya weiter. Dort angekommen, war er nach eigenem Bekunden bald nur noch „Salz und See", und wehmütig berichtete er seiner jungangetrauten Gattin nach Hause: „Ich habe ein schlechtes Gewissen, denn es gibt hier so viele schöne Dinge zu bewundern!" Die Selbstvorwürfe hielten ihn jedoch nicht davon ab, im nächsten Jahr schon wieder nach Biarritz zu reisen und dort intensiv ein weiteres schönes Ding zu bewundern, nämlich die russische Prinzessin *Orloff*. So etwas bringt das maritime Reizklima halt mit sich. Eine gesunde Lebensweise.

Bismarck was here

Norderney wird wieder preußisch

Boomjahre

Norderneys wahre Boomjahre folgten, nachdem die Insel 1866 wieder preußisch geworden war und der Norddeutsche Bund im Jahr darauf die interkommunale Niederlassungsfreiheit eingeführt hatte. Zuvor, unter hannoverschem Regime, waren sehr **eng zugeschnittene Zuzugsbestimmungen** einer wirtschaftlichen Weiterentfaltung wenig zuträglich gewesen. Zwar bezweckten diese Einschränkungen vor allem, „einen leicht verarmenden Bevölkerungszuwachs von außen fernzuhalten". Wer sich auf der Insel ansiedeln wollte, musste ein Gesuch einreichen, das, falls überhaupt, zumeist nur saisonal oder „temporär" genehmigt wurde und vom „Wohlverhalten" und der steuerlichen Kompetenz des Antragstellers abhängig war. Die bürgerrechtlichen Hemmnisse schreckten wohl auch aussichtsreiche Bewerber ab, denn es fand nur wenig Zuwanderung statt.

Unter den Preußen geriet die Sache hingegen rasch in Bewegung. Bis 1885 verdoppelte sich die Inselpopulation annähernd. **Zahlreiche Zuzügler** kamen vom ostfriesischen Festland, wo eine neuerliche ökonomische Misere viele Menschen zur Abwanderung bewog. Typischerweise gingen die in der Landwirtschaft großgewordenen Ostfriesen nach Amerika; diejenigen, die ein Handwerk oder Gewerbe gelernt hatten, zogen jedoch die Inseln vor. Diese Zuwanderer waren zumindest von verwandter Wesensart und trugen zu einem gewissen Ausgleich zwischen Alt und Neu bei. Gleichzeitig siedelten sich aber zahlreiche Neuankömmlinge städtischer Herkunft an und übernahmen den Hauptanteil an der Entstehung und Entwicklung der Hotel- und Gaststättenindustrie. Dieserart kam es auf Norderney zu einem totalen kulturellen Umbruch, wobei die meisten Traditionen und alten Lebensgewohnheiten schon früh verloren gingen. Erwerbsinteressen, der rollende Rubel und die Bodenspekulation wurden zum Primat der täglichen Existenz, und das einstige urtümliche Inselbild mit Fischern und Seefahrern verblasste unter dem kommerziellen Ansturm vollends.

Kaisers Zeiten und danach

Moderne Errungenschaften

Bereits vor der Wende ins 20. Jahrhundert war auf Norderney die Moderne ausgebrochen. Verschiedene **Dampferlinien** transportierten Tausende von Saisongästen von und nach der Insel, erleichtert durch die im Jahre 1892 fertiggestellte direkte **Bahnanbindung nach Norddeich.** Ein Gaswerk war gebaut worden, die **Elektrizität** hatte Einzug gehalten, und die Insel war mittels Seekabel an das allge-

Theodor Fontane auf Norderney

Im Sommer der Jahre 1880, '82 und '83 besuchte der 1819 geborene Dichter aus der Mark Brandenburg „Nordernei", wie er die Insel gerne buchstabierte, und wohnte dort bevorzugt im Haus Marienstraße 3. Eine schlichte Gedenktafel am Eingang, 1983 angebracht, würdigt seine damaligen Aufenthalte.

In bewahrt gebliebenen Briefen an seine Frau schildert der bekannte Kurgast sehr detailliert seine ***insularen Erlebnisse.*** Aus einem ersten Eindruck heraus, später revidiert, bedenkt *Fontane* Norderney mit dem Prädikat „Zufriedenstellend"; er empfindet vieles als „wenig elegant und verpreußt", will sagen, „verdemokratisirt und verordinairt". Von *Fontanes* freudlosen Wetterberichten ist schon an früherer Stelle die Rede gewesen. Auch sein Logis beschreibt er mit großer Akribie, vergisst nicht, das „unsägliche" Plumpsklo auf dem Hof zu erwähnen, nennt seine Gastgeber aber „anständige Leute, kein Gesindel". Autos möffelten seinerzeit gottlob noch nicht. Dennoch wehte die Nordseebrise keineswegs immer frisch und rein. Eine erste Begegnung mit „Fastfood" - ja, die gab es damals schon - löst in *Fontane* großes Unbehagen aus, denn die Ware (es handelte sich um massenproduzierte Kartoffelpuffer) ließ „die Luft auf 200 Schritt im Umkreis nach beweglichem Fett" riechen. In den Dünen verbuddelte Schlachtabfälle raubten dem Spaziergänger ebenfalls den Atem, und mehr noch die Kadaver von angeschossenen und an den Strand getriebenen Seehunden. Es ist halt nicht alles Gold, was glänzt. Auch das Gefiedel der Kurkapelle unter dem Dirigenten *Großkopf* ging dem sensiblen Schriftsteller auf die Nerven.

Der Dichter fand Trost in der Geringfügigkeit des ***Budgets,*** das er für Unterkunft und Ernährung aufbringen musste, obwohl es ihn gleichzeitig wieder wurmte, sich wegen fehlender Mittel mit dieser „Touristenklasse" bescheiden zu müssen. Im Grunde konnte er sich das schon damals teure Nordseebad gar nicht leisten, ohne an allen Ecken und Enden zu knausern.

Vielleicht machte ihn diese erzwungene Proletarisierung, wie er sie selbst nannte, besonders empfänglich für ***Sympathien mit den Insulanern,*** die er als „kräftige, tüchtige, urgermanische Menschen, ehrlich und zuverlässig" beschrieb. Und: „Daß sie sich ihre Luft etc. gut bezahlen lassen, kann ich ihnen nicht verdenken; alles, wonach Anfrage ist, das steigt im Preise, aber sie fordern nur viel, sie betrügen nicht."

Mit dieser etwas fragwürdigen Erkenntnis grenzt *Fontane* sich von den ***Juden*** ab, die er offenbar einer anderen Kategorie zuordnete, deren Preistreibereien man nicht als urgermanisches Charakteristikum vergebend hinnehmen durfte. „Hier war es, mit Ausnahme der Juden, sehr schön", schreibt er 1882 einer Freundin von Norderney. Doch dass er, der sich als Antisemit gab, mit ebendiesen auf Schritt und Tritt zusammentreffen musste, war ihm zweifellos bekannt. Norderney galt im ganzen Deutschen Reich als „Judenbad", denn die Insel war sozusagen die Spielwiese des jüdischen Geldadels, und diverse Juden hatten sich auch angesiedelt und betrieben, wohlgelitten (im Gegensatz zu Borkum), dort ihre Geschäfte, vornehmlich im spezifisch fremdenindustriellen Bereich. Klammheimlich gestand *Fontane* später auch ein, das bunte, jüdisch inspirierte Gesellschaftsleben durchaus genossen zu haben. Womöglich fühlte er sich in letzter Konsequenz zu diesen lebenstüchtigen und warmblütigen Menschen eher hingezogen als zum reichsdeutschen Adel, um dessen Anerkennung als Ebenbürtiger er in seiner Schriftstellerfunktion zeitlebens vergeblich rang, um erst im hohen Alter (1896) zu der Einsicht zu gelangen: „Die Menschheit fängt nicht beim Baron an, sondern, nach unten zu, beim 4. Stand; die 3 andern können sich begraben lassen ..."

Fontanes drei Sommer auf Norderney finden ***in seinen Werken*** wenig Nachklang. Die Norderneyer Kapitänswitwe *Helene Warnke,* die Fontane 1883 kennenlernte und deren Erzählungen (sie war mehrmals mit ihrem Mann um die Welt gereist) ihn offenbar faszinierten, spielt wahrscheinlich in seinem Roman „Unwiederbringlich" (1887) eine figürliche Rolle. Nur in seiner kleinen Prosaskizze „Wohin?" wird im Zuge einer Plauderei ein direkter Bezug genommen: „... nehmen wir Norderney. Warum nicht? Es ist schließlich keine Karaibeninsel von anthropophagem Charakter, und die wilden Triebe sowohl der einheimischen wie der eingewanderten Bevölkerung, die Hoteliers an der Spitze, sollen mehr auf Gut als auf Blut gerichtet sein." Und: „Norderney, um dir's offen zu gestehen, gehört zu meinen angenehmen Erinnerungen."

Na, also doch.

meine **Kommunikationsnetz** angebunden worden. Für diese Errungenschaften war man dem Kaiser *(Wilhelm I.)* so dankbar, dass man ihm ein spezielles **Monument** errichtete (siehe „Sehenswürdigkeiten“).

Kaisers kommen!

Der **2. Wilhelm** erschien im Sommer 1906 überraschend auf der Rückreise von einer Nordlandtour im Hafen von Norderney, wohl aus einer plötzlichen Laune heraus. Kaisers kommen! Majestät reichten dem Norderneyer Bürgermeister auf dem Kai die Hand und befahlen leutselig: „Sorgen Sie dafür, daß die Insulaner nicht aussterben!“ Nach diesem Staatsakt fuhr der Kaiser wieder ab und mit seinem *Sleipner* auf Grund – was den ollen Willem so erboste, dass er prompt einen Bagger nach Norderney beorderte, um die Untiefe wegzuschaufeln.

Zwei Jahre später geriet Norderney erneut in die Schlagzeilen, als auf den **Reichskanzler** *Bernhard v. Bülow,* der auf der Insel ein Ferienhaus besaß, ein **Attentatsversuch** unternommen wurde. Die Sache misslang, und der Täter richtete sich selbst. Er wurde mit einem Geständnis in der Tasche am Strand gefunden.

Zweimal Krieg

Der **1. Weltkrieg** ging glimpflich an Norderney vorüber. Bereits 1919 waren wieder Badegäste da, obwohl sich die Reichsfinanzen in eher trübem Zustand befanden; Norderney druckte sogar sein eigenes „Notgeld“.

1922 brummten die ersten Flugzeuge über die Insel, und zehn Jahre darauf wasserte das gewaltige Flugboot DO-X auf der Reede – eine Sensation! In Wahrheit wurde mit den vorgeblich zivilen Flugmaschinen **neues Kriegsgerät getestet,** so wie man allerorten schon wieder Vorbereitungen für eine Neuauflage des „Stahlbades der Nation“ traf.

1934 begann die Wehrmacht damit, Beton in die Insellandschaft zu klotzen, und eine militärische Funkstation – an die heute der Name der JH „Dünensender" erinnert – reckte ihre Antennen aus dem Sand. Weitere **militärische Anlagen** wie Bunker, Stellungen und Befestigungen wurden in den nächsten Jahren gebaut.

1939 war es dann wieder soweit, der **2. Weltkrieg** begann. Im Jahr darauf gab es bereits die ersten Bombeneinschläge auf Norderney, wenn RAF-Flieger nach abgebrochenen Einsätzen ihre Last auf die Insel fallen ließen. Trotzdem hielten sich die Schäden in relativen Grenzen. Am 6. Mai 1945 kapitulierte die Insel, sang- und klanglos. Auch zwei Kriege hatten nicht vermocht, die Insulaner aussterben zu lassen – die kaiserliche Anordnung war strikt befolgt worden.

Norderney heute

Architektur

Schon 1851 hatte sich der niederländische Inselbesucher *M. A. Amshoff* (s. „Literaturhinweise") missvergnügt über die neue Architektur auf Norderney geäußert. Die geduckten Häuschen der Fischer empfand der empfindsame Pfarrer als inselspezifischer als die **klobigen Neubauten,** die überall entstanden. In der Tat ist auf man auf Norderney architektonisch nicht mit sehr glücklicher Hand vorgegangen.

Mit **Ausnahme des Kurviertels,** dessen zeitlose Eleganz alles sozusagen „herausreißen" muss, und mit jener der einigen wenigen Gebäude im Bereich des Weststrandes, angeführt vom „Strandhotel Pique", gibt keine schönen Baulichkeiten zu sehen.

Wer Borkum kennt, wird auf Norderney die klassische **Strandpromenade vermissen** und sich über die **eckigen Klötze** ärgern, die man bar allen ästhetischen Verstandes

und ohne sicheren städtebaulichen Geschmack in die insular-urbane Kulisse gestellt hat. Man kann dafür nicht allein den ungezügelten Bauwahn der sechziger Jahre verantwortlich machen, denn später entstandene Gebäude, selbst an auffallendster Stelle, sind großenteils ebenfalls dem Inselpanorama fehlangepasst und könnten genausogut in Frankfurt oder Berlin stehen. Man fragt sich, wie für manche Betonblöcke je eine Baugenehmigung erteilt werden konnte ...

Auch die geklinkerte Spitzgiebellandschaft der meisten Privathäuser lässt sich kaum „inselspezifisch" nennen. Ein paar **Oasen mit hübscher Lokalarchitektur** gibt es, zum Beispiel die Seilerstraße. Sähe man mehr davon, wäre das Stadtbild von Norderney um vieles anziehender. Man muss sich etwas umtun im 6500 Einwohner zählenden Norderney-Town, um solche Rosinen im großen Kuchen zu finden, wird letzten Endes aber froh sein, dass überhaupt welche existieren und dass man sich nicht in Westerland auf Sylt befindet.

Anspruch und Realität

Dieser Missklänge ungeachtet möchte Norderney gern **kultureller Mittelpunkt** der niedersächsischen Nordsee sein und im Bereich der ostfriesischen Inseln den Ton angeben. Nicht als „Vergnügungsdampfer" soll das Eiland sei-

Norderney-Town von See

nen Besuchern nach den Vorstellungen der Tonangeber gelten, sondern als Stätte der Besinnung, der Tradition und der Erholung.

Das sind hehre Ziele, aber nicht alle Angesprochenen sind der gleichen Ansicht. Das Paradies scheinen **manche Inselgäste nur im Suff** ertragen zu können. Die Reinigungskräfte haben mit Bierdosen und Schnapsflaschen flott zu tun, und weitaus mehr wär's wohl, wenn nicht das Dosenpfand eingeführt worden wäre, wodurch die Flut etwas eingedämmt wurde.

Außerdem ist Norderney beliebte Destination für **Clubtouristen.** Selbige reisen speziell im Spätsommer in solchen Scharen (bis zu 400 Personen auf einmal) an, dass sogar Sonderfähren für sie eingesetzt werden – „normale" Passagiere würden sich eh nicht um eine Mitfahrt mit den Suffkihorden reißen. Im September kommen die lustigen Kegelbrüder und -schwestern vornehmlich aus NRW, weswegen man sie auf Norderney die „Nordrhein-Vandalen" nennt. Man hört sie schon von weitem, wenn man sich dem „Bermuda-Dreieck" (vor dem Hotel König) nähert: „Warum ist es am Rhein so schön!"

Vor ein paar Jahren versuchte eine **Bürgerinitiative** etwas **gegen die Auswüchse** zu unternehmen, zu denen (schauder!) „sogar Geschlechtsverkehr auf offener Straße"

Seilerstraße

gezählt wurde. Der Schuss ging ins Leere. Zum aktuellen Freizeitverhalten der Deutschen gehören heute „Events" und Ballermann-Erlebnisse, und weil damit satt Geld zu verdienen ist, hat Norderney die **Weichen für den Clubtourismus** gestellt. Etwaiger Exzesse und „Verstößen gegen die Lärmschutzverordnung" hofft man mittels einer erhöhten Polizeipräsenz Herr zu werden. Aber wenn ihnen die Ordnungsmacht zu viel wird, werden sich die fidelen Ballermänner und -frauen, wie gehabt, in die naturgeschützte Dünenlandschaft zurückziehen und dort weiterfeiern. Wo sonst käme der ganze Leermüll her?

Inselschutz

Was immer sich auf Norderney entwickelte: Der Blanke Hans ließ sich davon nicht beeindrucken. In der Aufbauphase der insularen Struktur hatte sich noch niemand Gedanken um etwaige **Landverluste** machen müssen. Doch schon im 17. Jahrhundert wurden nach schweren Stürmen die ersten Schutzmaßnahmen (Sandfangzäune und Bepflanzungen) fällig – nicht nur im eigenen Interesse, sondern auch auf massiven Druck des Landesfürsten, der „sein" Land nicht davonwehen und -schwimmen sehen wollte. In der Folgezeit schlug die Nordsee immer wieder hart zu. Einsamer Höhepunkt war die **Weihnachtsflut von 1717,** ein wahres Scherbengericht, obwohl Norderney im Vergleich zur Festlandsküste noch relativ glimpflich davonkam.

Der **Strand- und Dünenschutz** genoss danach höhere Priorität denn je, doch die Insulaner konnten diese Arbeiten schon lange nicht mehr selbst bewältigen. Einen gewichtigen Ausschlag gab das Ende natürlicher Sandzufuhren am Westende. Wie alle ostfriesischen Inseln bewegt sich Norderney allmählich von West nach Ost, und zwar nicht auf einmal, wie ein Wissenschaftler namens *Pratje* anno 1941 hellsichtig erkannte, sondern Sandkorn für Sandkorn – am Westende wird ab- und am Ostende angebaut.

Gegen 1800 müssen die Vorräte der alten Insel Buise erschöpft gewesen sein, die diesen Vorgang bislang herausgezögert hatten, denn der dicht am Ort gelegene „Westkopf" wurde jetzt mit zunehmendem Tempo abgetragen. Schon 1834 regte man deshalb den **Bau von Buhnen** „nach dem Muster der Holländer" an, klobigen Steindämmen zur Abdrängung schädlicher Strömungen. Eine schwere Sturmflut mit großen Dünenabbrüchen in der Neujahrsnacht auf 1855 beschleunigte die Inangriffnahme dieser Arbeiten. Sie begannen 1861, und bis zur Jahrhundertwende gesellten sich immer mehr Buhnen zum Westkopf Norderneys, bis er auf den Karten schließlich wie ein Igel aussah. Heute „verankern" 32 dieser nicht gerade schönen Armierungen Norderney sozusagen in der See, und der gesamte Westkopf ist mit einem massiven, bereits 1857 begonnenen Längsdeckwerk festzementiert worden.

Von weiterem Anlegen derartiger Befestigungen, die einst nach dem Motto „Versuch macht klug“ in die See geklotzt wurden, ist man indes abgekommen. In jüngerer Zeit ist man zum wiederholten **Aufspülen großer Mengen von Sand** übergegangen, um die ständigen Abträge auszugleichen; diese Methode ist naturnäher und nach neuen Erkenntnissen auch erfolgversprechender.

Schäden gab es dennoch immer wieder: 1877, 1894, 1916, 1936, 1944, 1962, 1973, 1990, 1994 – und die nächste Sturmflut kommt bestimmt. Wenn also weiterhin an Norderneys Igelkopf herumgebosselt wird, stelle man keinen „entgangenen Urlaubsgenuss wg. Bauarbeiten“ in Rechnung, sondern nehme seufzend zur Kenntnis, dass einem die Insel dadurch zumindest als Ferienziel erhalten bleibt.

Kleiner Buhnenkraucher

Die Natur

Erholungswert Natur

Das Beste habe ich für zuletzt aufgehoben. Man reist nicht nach Norderney, um Steinbuhnen oder zementierte Straßen in Augenschein zu nehmen, deren Erholungswert wohl ziemlich niedrig anzusetzen ist. Man sucht – und findet – **unverbaute Natur, Strand- und Dünenwildnis** jenseits der deutschen Industrielandschaft und beginnt, immer wieder in der Werbung nachzulesen, „tief durchzuatmen". Ich wage zu mutmaßen, dass ein Großteil der (nicht automobilen) Norderneyfahrer Ökotouristen sind, die ausschließlich wegen der weitgehend intakten natürlichen Verhältnisse auf die Insel reisen – was sonst gäb's denn da an Erholsamem?

Andere Meinungen

Das wird offenbar auch anders gesehen. Bei seinem Besuch auf Norderney anlässlich der Zweihundertjahrfeier im Sommer 1997 mahnte Nieder-

Entwicklung Norderneys:

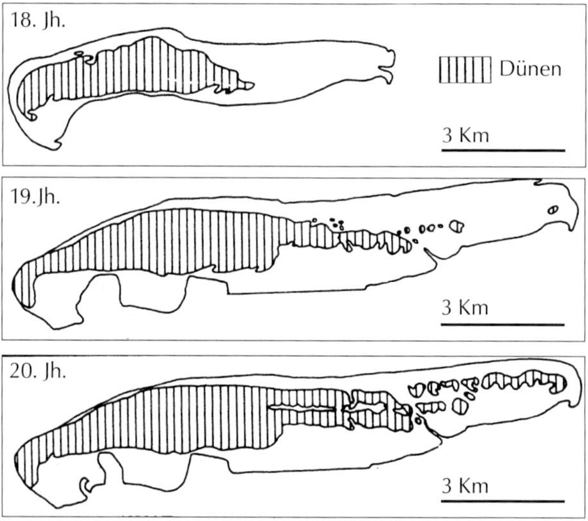

sachsenchef *Gerhard Schröder* „schwarze Zahlen" für die landeseigene Institution an; **mehr touristische Dienstleistungen müssten her.** Hierin wurde er von Inselbürgermeister *Remmert Harms* sekundiert, der das Naturpotential der Insel als ausgeschöpft bezeichnete; „nun müssten die Ansprüche und Wünsche der Gäste im Mittelpunkt stehen". Und: „Ohne öffentliche Hilfe sei die Entwicklung für Norderney allerdings nicht zu schaffen".

Unnötige und nötige Änderungen

Dieses unselige Wort: „Entwicklung"! Hinter ihm verbergen sich meistens **kostenträchtige, naturschädliche Projekte,** die mitunter auch noch völlig unnötig sind, politische Großmannssucht und spätere Verdammnis. Zu hoffen steht, dass die öffentliche Hand andere Prioritäten finden wird, als die Insel weiter zu „entwickeln", als sie ohnehin schon ist. Das einfachste und billigste wäre, es beim Status quo zu belassen.

Denn Norderney hat einen Aktivposten aufzuweisen, der keinerlei Entwicklung bedarf, der, im Gegenteil, umso mehr blüht und gedeiht, je weniger rotohrige Funktionäre Hand an dieses einzigartige Reservoir legen, welches die Ansprüche und Wünsche so vieler Gäste erfüllt: **die insulare Natur.**

Der Nationalpark Niedersächsisches Wattenmeer

Bedeutung

Dieses einzigartige Areal wurde – gegen laute Proteste vorgeblich Betroffener – 1986 als Teil eines von den Niederlanden bis Dänemark reichenden **europäischen Nordsee-Nationalparks** etabliert.

Es ist zusätzlich **Feuchtgebiet** von internationaler Bedeutung, **EG-Vogelschutzgebiet** und (seit 1993) **Biosphärenreservat.**

Der niedersächsische Anteil umfasst rund 2500 qkm Fläche einschließlich substantieller Inselflächen und gliedert sich wie folgt auf:

Zone	Prozent der Gesamtfläche
- Ruhezone	53,3
davon Vogelschutzgebiete	36,2
und Robbenschutzgebiete	24,8
- Zwischenzone	46,0
- Erholungszone	0,7

Ruhezone

Die Ruhezone, in den meisten Karten rot eingetragen, ist **das am strengsten geschützte Gebiet.** Außerhalb gesondert ausgewiesener Wege ist ihr Betreten generell verboten.

Auf Norderney nimmt die Ruhezone anerkennenswerterweise **fast die Hälfte der Insel** ein; ein großer Teil des Areals wird jedoch von den Gezeiten überflutet. Zur Ruhezone gehören der gesamte Ostteil der Insel einschließlich der vorgelagerten Watten, das Deichvorland an der Südküste und der dicht an Hafen und Stadt gelegene Südstrandpolder.

Das 140 Hektar große Gebiet des **Südstrandpolders** wurde im 2. Weltkrieg von einem Deich umschlossen und aufgespült; ein Militärflugplatz sollte hier entstehen. Die Geschicke wollten es anders, und das weitgehend unberührte Areal verwilderte darauf völlig. 1961 stellte man es unter

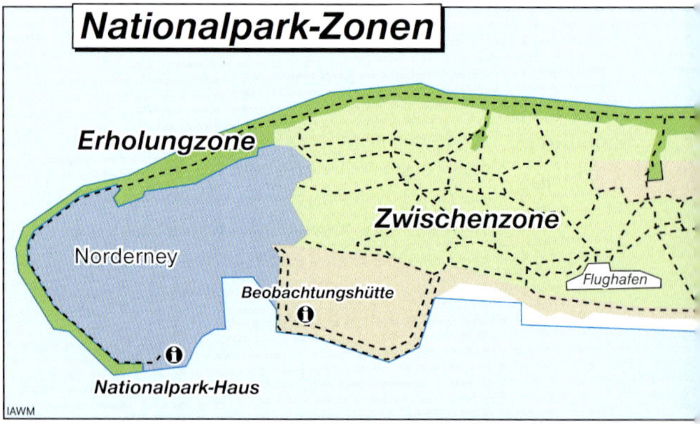

Naturschutz, und 1986 wurde es dem Nationalpark angegliedert. Gleichzeitig erwies sich die Notwendigkeit, in dem verlandeten Polder Flachwasserzonen anzulegen, um seiner Funktion als Brut- und Rastgebiet für Seevögel gerecht zu bleiben. Diese Maßnahme wurde 1987–88 in Verbindung mit Deichbauarbeiten ergriffen, und heute ist das Gebiet erfreulicherweise Heimat einer sehr reichen Vogelpopulation.

Dünenlandschaft

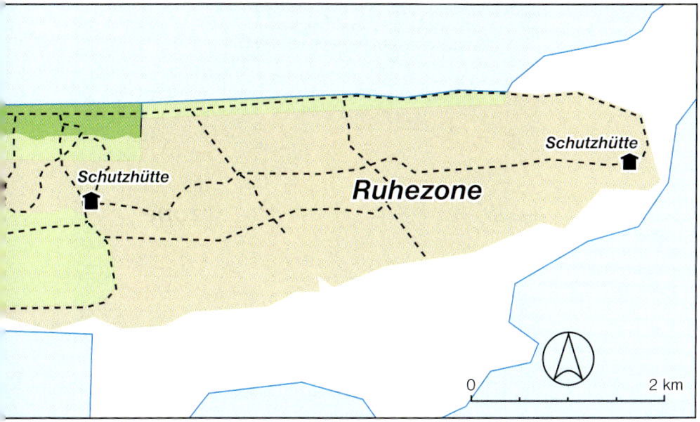

Gut fürs Immunsystem: Sanddorn

Große Areale Norderneys sind mit einem unscheinbaren Strauch bestanden, zwischen dessen graugrünen Blättern im Sommer zahlreiche kleine Beeren auftauchen, die sich bei Reife orangegelb färben. Es handelt sich um den Sanddorn *(Hippophae rhamnoides)*, der im Nord- und Ostseeraum endemisch und in den Naturschutzgebieten geschützt ist. Man lasse der Pflanze also ihren Frieden, breche aber nicht in Entsetzensschreie aus, wenn Kinder von den Beeren naschen. Passieren kann nichts. Im Gegenteil, die Kleinen geben sogar ihrer Gesundheit einen zusätzlichen Kick ...

Sanddornbeeren sind nämlich wahre ***Vitaminbomben.*** Sie stecken voller Vitamin C und enthalten außerdem, bei Pflanzen recht ungewöhnlich, Spuren von Vitamin B12 – ja, jenes, das angeblich nur in Fleisch zu finden ist. Die pflanzliche Variante soll nach neuen Erkenntnissen gut für Frauen sein, die wegen Einnahme der Antibabypille ein erhöhtes Thrombose-Risiko haben. Daraufhin aber nicht gleich in die geschützten Beeren gehen! Sanddorn wird auch in Kultivation angebaut und zu leckeren Säften und Marmeladen verarbeitet, die in Fachgeschäften (nicht nur) auf Norderney erhältlich sind.

Auch die Dünenlandschaft des **Ostlandes** lässt die Herzen der Naturschützer höher schlagen. In den Dünentälern haben sich nämlich Kleinbiotope mit moorigen Bereichen, offenen Brackwasserflächen und Salzsümpfen gebildet, in denen eine artenreiche Flora heimisch geworden ist. Moose und Farne gedeihen hier vor allem, es gibt sogar einige Orchideenarten, und auf kleinen Teichen wachsen Seerosen (die abzureißen Touristen sich nicht verkneifen können, wie mir berichtet wurde). Hier und da haben sich Dickichte aus Weiden und Birken gebildet, und vielerorts überziehen Sanddorn und andere Beerengebüsche das Gelände – die einstige Sandbank Norderney wird immer mehr zur *terra firma*.

Zwischenzone

Die Zwischenzone genießt einen **weniger strengen Schutz.** Wanderer, Radfahrer und Reiter dürfen sich hier auch außerhalb gekennzeichneter Pfade bewegen. Lokale Bestimmungen heben diese Freiheiten jedoch häufig wieder auf oder begrenzen sie durch Zäune. Während der Brut- und Aufzuchtzeit der Vögel (1.4.–31.7.) darf im Deichvorland (Salzwiesen, Groden, Heller) nicht von den Wegen abgewichen werden.

Erholungszone

Die Erholungszone beschränkt sich auf einen Teil des Strandes und des dahinterliegenden Dünengürtels. In diesem Bereich herrscht (außer einigen Fahrverboten) **weitgehende Bewegungsfreiheit.**

Der **Rest der Inselfläche** ist Wirtschafts- und Siedlungsgebiet und nicht Teil des Nationalparks.

Verhalten im Nationalpark

- Im Nationalpark Wattenmeer soll die besondere Eigenart von Natur und Landschaft der Wattenregion erhalten bleiben und vor Beeinträchtigungen geschützt werden. Unbedingt zu beachten sind deshalb die **Betretenverbots- und Hinweisschilder.** Sie erleichtern nicht nur die Orientierung im

Nationalpark, sondern sorgen auch dafür, dass Tiere und Pflanzen nicht gestört werden.

- Um die Pflanzendecke in den Dünen zu erhalten, sind vielerorts **Wege und Stege** gebaut worden. An diese halte man sich zum Spazierengehen und Wandern. Insbesondere sind die markierten Dünenüberwegungen zu beachten. Der Schutz der Dünen ist lebenswichtig für die Insel.

  Die zugelassenen Wege sind durch Pfähle mit farbigen Köpfen gekennzeichnet: grün für Wanderer, rot für Reiter.
- Spezielle Rücksicht ist auf **geschützte Pflanzen** in den Dünen und Salzwiesen zu nehmen. Man-

Weshalb Nationalparks?

Heute, da die Menschheit allmählich am Ende der ökologischen Fahnenstange angelangt ist, dämmert bei manchem die Erkenntnis, dass es im „Kampf gegen die Natur" letztlich nur Verlierer geben kann. Das Nationalparkkonzept wurde von weitsichtigen Menschen ***gegen den zähen Widerstand kurzsichtiger Menschen durchgepaukt,*** die aus jedem Quadratmeter Boden etwas „entwickeln" wollten, egal was, solange sich – für sie – irgendwie Geld damit machen ließ. In dieser Haltung wurde – und wird – die Betonriege von Politikern unterstützt, die von dem schönen Geld als Gegenleistung für empörte Lippenbekenntnisse („Ökowahn!") etwas abbekommen möchten. Dass die paar deutschen Nationalparks – knapp 2% der Bundesfläche, lächerlich wenig – trotzdem entstehen konnten, sollte einen freuen und optimistisch stimmen.

Es wurde auch höchste Eisenbahn, in einem dramatisch überfüllten und fast zur Totalität bewirtschafteten Land wie der Bundesrepublik der gequälten Natur zumindest eine Prise von dem zu geben, wonach wir alle lechzen: Erholung. Dabei ist der ***Status eines Nationalparks*** noch nicht einmal der des strengsten Schutzes. Diesen genießen nur Naturreservate bzw. Wildnisgebiete innerhalb eines globalen Systems. Der Nationalpark steht erst an zweiter Stelle, aber eine höhere Schutzkategorie gibt es in Deutschland eh nicht. Nach der *International Union for the Conservation of Nature and Natural Resources (IUCN)* gelten folgende ***Kriterien für einen Nationalpark:***

- ***Naturschönheit:*** Das Gebiet umfasst charakteristische Beispiele für „Naturregionen, Naturerscheinungen oder Landschaften von herausragender Schönheit".
- ***Pflanzen, Tiere, Mensch:*** Im Park sollen Pflanzen-, Tierarten und Lebensräume vorkommen und geschützt werden, die in „geistig-seelischer Hinsicht sowie für Wissenschaft, Bildung, Wohnung und Tourismus von Bedeutung sind".

che Arten sind akut vom Aussterben bedroht. Im gesamten Nationalpark dürfen deshalb keine Pflanzen abgepflückt werden.

- Wanderer und Wassersportler werden ersucht, **Vogelansammlungen zu meiden** und sich diesen auf keinen Fall auf unter 500 m zu nähern. Die Vögel werden ansonsten bei der Nahrungsaufnahme, bei Ruhe und Rast, beim Brüten oder bei der Mauser gestört. (Unter der Mauser versteht man die Erneuerung des Federkleides. Das Flugvermögen der Vögel ist in der Mauserzeit stark eingeschränkt und das Bedürfnis der Störfreiheit deshalb besonders hoch.)

- ***Parkgröße:*** Der Nationalpark muss so groß sein, dass „ein oder mehrere Ökosysteme darin eingeschlossen sind. Durch die Nutzung des Parks darf das Ökosystem nicht beeinträchtigt werden".

Außerdem soll eine „Grundlage für Naturerfahrung" geboten sein, das Artensterben gebremst werden, und die natürlichen Verhältnisse sollen sich ohne jeglichen menschlichen Eingriff frei entfalten.

Gegner des Konzepts, und es gibt in einem Land, in dem alles „ordentlich" sein muss, bedrückend viele davon, argumentieren gern mit dem ***offensichtlichen Chaos innerhalb dieses Raums der freien Entfaltung.*** Den Ast absägen, auf dem man selber sitzt, das scheint der deutschen Mentalität tief innezuwohnen. „Nationalpark, müsst ihr wissen, ist für jung und alt beschissen", trommeln Bürgerinitiativen, für die der Begriff „Wildnis" zu unüberwindlichen Verklemmungen des Verständnisses führt. Denn unter einem „Park" stellt man sich hier immer noch etwas Geplantes, Gepflegtes und Geordnetes vor, mit kahlgeschorenem Rasen, sorgfältig angelegten Rabatten und vor allem ohne „Unkraut". Eine Sturmflut, die eine unbefestigte Sandbank fortreißt, ein Wald, der von Borkenkäfern befallen wird - das ist Wasser auf die kleinen Klappermühlen der selbsternannt „Betroffenen", die angesichts dieser Schrecknisse den Zusammenbruch der deutschen Wirtschaft vor Augen haben.

Dabei sind die so genannten natürlichen Katastrophen durchaus Teil einer Philosophie, die auf die ***Eigendynamik der Natur*** setzt und nicht gleich die Polizei ruft, wenn einmal „etwas passiert ist". Erst die freie Entfaltung unbeeinflusster Naturvorgänge (nach dem Motto: „Lustig ist die Forstpartie, es wächst der Wald auch ohne sie") führt uns die Selbsterhaltungskräfte der „Wildnis" vor Augen, ein Phänomen, das den naturentwöhnten Menschen immer wieder in Erstaunen versetzt - und Exponenten naturunverträglicher Wirtschaftsweisen zum Pöbeln veranlasst. Die Nationalparks sind die „Naturschule der Nation". Wir brauchen sie ganz offensichtlich, denn für den Erkenntnisgewinn, kein von der Natur abgenabelter separater Organismus zu sein, bedürfen viele prospektive Schüler, wie es scheint, noch intensiver Nachhilfestunden.

- **Keine wildlebenden Vögel füttern,** wie z.B. Möwen, Enten oder Fasane. Aldi-Toastbrot ist keine Kost für Tiere, die sich zu 100 Prozent natürlich ernähren. Nicht nur ist das Kunstfutter kein Born der Gesundheit, die Vögel verlieren auch ihre für die Wildnis erforderlichen Ernährungsreflexe und müssen bei ausbleibender weiterer Fütterung verhungern. **Davon ausgenommen sind Silbermöwen** als Allesfresser. Wenn auf den Fährschiffen das Füttern der Möwen untersagt ist, so hat das andere Gründe. Eine vollgefressene Möwe gibt auch gerne wieder etwas von sich, was die Bekleidung im Falle eines Treffers stark verunschönt. Passagiere haben deswegen, kaum zu glauben, aber wahr, schon die Reederei verklagt – „Wer zahlt mir das?" Immer, immer ist der andere schuld.
- Um **Seehunde** an ihren Liegeplätzen nicht zu stören, halte man (auch Wassersportler) einen Abstand von mindestens 500 m. Die Seehunde kommen an Land, um sich auszuruhen und sind dann naturgemäß besonders störungsempfindlich. Bei Annäherung von Menschen (und Landhunden) flüchten sie wieder ins Wasser. Ihr Lebensrhythmus – fressen, ruhen, gebären, säugen – wird dadurch stark beeinträchtigt, und Jungtiere verlieren unter Umständen permanent die Mutter. (Besonders während der Jungenaufzucht von Mai bis September benötigen die Tiere viel Ruhe.) Empfindliche Störungen – selbst auf weite Entfernungen – ergeben sich auch durch Zigarettenrauch. Schon das Heben des Kopfes ist beim Seehund ein Zeichen dafür, dass das Tier beunruhigt ist.
- **Wattwanderungen** unternehme man nur unter fachkundiger Führung. Das trägt zur eigenen Sicherheit bei und vermeidet unnötige Störungen von Fauna und Flora.
- Im gesamten Nationalpark dürfen **Hunde** nicht frei laufen. Örtliche Regelungen beachten! An bestimmten Deich- und Wegeabschnitten ist das Mitführen von Hunden grundsätzlich nicht gestattet.

- **Keine Drachen steigen lassen!** In den Ruhe- und Zwischenzonen des Nationalparks ist dieser „Sport", so unverzichtbar er manchem Inselgast erscheinen mag, wegen massiver Störungen der Vogelwelt nicht erlaubt. (Siehe auch Anmerkung zu diesem Thema an voriger Stelle.)
- **Ruhe bitte!** Wer da glaubt, ohne das Mitführen eines plärrenden Ghettoblasters etwas zu versäumen, ist in der Inselnatur von vornherein fehl am Platze. Die Lärmbelastung in deutschen Landen steigt kontinuierlich, vor allem durch den Straßenverkehr. Viele Menschen reisen auf die Inseln, um endlich einmal Abstand zum alltäglichen, krankmachenden Krach zu gewinnen.
- **Keine Autos!** Grundsätzlich haben Motorfahrzeuge außerhalb der ihnen zugewiesenen Areale nichts zu suchen (auch wenn die Werbung zur

Wir sind ganz Ohr

Es hat Leute gegeben, die ***des Rauschens der Brandung wegen ihren Urlaub abgebrochen*** haben: Ruhestörender Lärm! Sollten *Theodor Storms* „einsames Vogelgerufe“ und „des gärenden Schlammes geheimnisvoller Ton“ im Wattenbereich auch in diese Kategorie fallen? Manche Inselreisende, Gott sei Dank eine winzige Minderheit, scheinen das zu glauben. Denn der Zusammenhang ist simpel: Wenn es plötzlich um einen ruhig wird, empfindet man jegliche Art von Geräusch als ungewohnt und, eben, „störend“. Lärmallergiker nennt man solche Menschen heute.

Die Evolution hat über Millionen von Jahre hinweg unablässig darauf hingearbeitet, das ***menschliche Hörorgan*** empfindlicher, „besser“, zu gestalten. Wer immer da am Werk gewesen ist – die Aufgabe ist voll und ganz gelungen. Die Hörzellen des Innenohres sind um ein Zehnfaches sensibler für Energieanstöße als das Auge. Mechanische Bewegungen im atomaren Größenbereich finden im Ohr statt und werden in elektrische Signale zur Weiterverarbeitung im Hirn verwandelt. Selbst gestandene Fachleute versetzt das Wunder Ohr immer wieder in Erstaunen; seine Funktion ist noch längst nicht zur Gänze verstanden.

Diese überaus fragile (und keineswegs unverwüstliche oder gar „abhärtungsfähige“) Apparatur wird in unserem ***Industrie- und Vergnügungszeitalter*** unentwegt mit Schallwellen einer Größenordnung bombardiert, die im Verlauf der menschlichen Entwicklungsgeschichte in Gestalt von Gewitterdonner, Vulkangegroll und Orkangebraus stets zu den Ausnahmen gehörte. Radiogedröhn (vom Extrem der Discos

Abstumpfung des Verbrauchers sie immer wieder inmitten lauschen Grüns zeigt). Im Bereich des Nationalparks haben sie schon gar nichts verloren.

- **„Wildes“ Lagern und Campen** führt zu erheblichen Störungen der gesamten Tierwelt (und zu finanziellen Einbußen der Vermieter) und ist deshalb untersagt.
- **Abfälle** – von der Zigarettenkippe bis zur Getränkedose – „entsorge“ man dort, wo sie hingehören oder produziere sie am besten gar nicht erst.

Verstöße gegen bestehende Verordnungen und Gesetze können von Rangern mit Verwarngeldern oder empfindlichen Geldbußen geahndet werden. Klugerweise lasse man es gar nicht so weit kommen.

ganz zu schweigen), andauerndes Musikgeplärr in Einkaufszentren, Geräusche von fahrenden Autos und von Maschinen aller Art usw. führen zu einer permanenten Lärmbelästigung.

Dieses „Belästigungserleben" setzt dem Gehör des modernen Menschen derart zu, dass heute bereits 11–12 Millionen Deutsche zu den Schwerhörigen gezählt werden, ein großer Teil von ihnen Jungvolk zwischen 12 und 35 Jahren. Verwandte ***Gesundheitsprobleme*** reichen von permanent klingelnden und pfeifenden Ohren (Tinnitus, 800.000 Betroffene) über Sehstörungen - von kurzen Beeinträchtigungen bis Blindheit (70% aller Discobesucher haben Probleme mit der Optik) - bis zum Herzinfarkt. 50 Millionen Bundesbürger fühlen sich nach Hochrechnung von Umfragen vor allem durch Straßenlärm gestört.

In vielen Fällen sind deshalb, wie es scheint, zuallererst ***unsere Ohren „reif für die Insel"***. Denn Geräusch lässt sich nicht wie Licht einfach ausblenden. Vor allem jene Menschen, die - noch - gut hören können, müssen sich mit der Dauerbeschallung auseinandersetzen, müssen sie, je mehr Gehörkrüppel es gibt, in immer stärkerem Ausmaß ertragen. Wie aber, fragt man sich, steht's dann mit der „ruhestörenden Brandung"? Mit dem Urlaubsabbruch hat's da offenbar keine Not. Die Frequenz des Brandungsgebullers scheint als erträglich vorprogrammiert zu sein, denn den schlafbedürftigen, gesunden Menschen versetzt ihr Rhythmus alsbald in festen Schlummer. Und schwerhörige Seeleute sind ausgesprochen selten - es sei denn, es handelt sich um Maschinisten.

(Mehr zum Thema Krach kann man erfahren beim Deutschen Arbeitsring für Lärmbekämpfung, Frankestr. 25, 40476 Düsseldorf, Tel. 0211-488499.)

Was ist Watt?

Blättert man ein wenig in **gelehrten Büchern,** so erfährt man, dass man es mit einem (unreifen bis reifen) Wechselflutgebiet zu tun hat, dessen Auftauchboden aus Lockersedimenten von diversen sohlengepflasterten und von Prall- und Gleithängen (mit oder ohne Abscherungen) gesäumten Gerinnen durchzogen ist. Mit Angespül verzierte Schwappmarken (siehe Rippelkunde) bedecken Dwog- und Reduktionshorizonte, und aussüßende Effekte tragen in den Ästuarien zur Metamorphose des Supralitorals bei. Oder so ungefähr jedenfalls.

Das **Wort „Watt"** kommt aus dem Althochdeutschen und hat tatsächlich etwas mit „waten" zu tun; es bezeichnete früher eine Furt. Heute steht es, auf einen einfachsten Nenner gebracht, für **Land, das im Rhythmus der Gezeiten überflutet wird und wieder trockenfällt.**

Es versteht sich, dass auf diesem Terrain, das die Hälfte des Tages oder mehr überhaupt nicht zu sehen ist, weil es in der See verschwindet, weder Baum noch Strauch wachsen. Wenn es aus der Flut auftaucht, wirkt es dunkel, abweisend, wüstengleich. Und doch ist das Watt **eines der am intensivsten belebten Biotope der Erde,** die Kinderstube für zahlreiche Fischarten und die Speisekammer für vielerlei Getier vom winzigsten Schlickkrebs bis zu einer zu Zehntausenden von Exemplaren zählenden Vogelwelt.

Watten gibt es auch an vielen anderen Küsten auf der Erde. Nirgendwo sind sie jedoch derart ausgedehnt und von vergleichbarer Vielseitigkeit wie an der Nordsee. Unterschieden wird je nach Bodenzusammensetzung zwischen **Schlick-, Sand- und Mischwatt.** Alle drei Arten kommen im Umfeld von Norderney vor, und sie weisen jeweils charakteristische Artenpopulationen auf.

Die **Nahrungskette** beginnt mit Bakterien und winzigen Kieselalgen im Wattboden, die wiederum Würmern, Muscheln und Schnecken appetit-

Sandwatt mit Muscheln

lich erscheinen. Larven diverser Meereslebewesen huschen in der schlammigen Urbrühe umher, und in dieser leckeren Soße stochern zahllose Vögel herum und finden reichliche Atzung. Ein Bild des tiefen Naturfriedens also?

Nicht ganz. Das Nordseewatt ist gleichzeitig ein gigantischer **Filter für alle möglichen Giftstoffe,** die es von Land und von See her durchströmen. Und da die Bundesrepublik als Industrienation besonders viel saftige Substanzen produziert, die in dieser Filteranlage und somit in der tierischen Nahrungskette enden, müssen von sachverständigen Menschen immer wieder laute Warnrufe aus-

Rätselhafte schwarze Flecke

Vor einiger Zeit waren wiederholt Meldungen durch die Medien gegeistert, die mysteriöse dunkle Stellen im Watt, zum Teil von erheblicher Ausdehnung, zum Thema hatten. Man rätselte viel an der Erscheinung herum, und ängstlich wurden bereits die Fragen gestellt: „Stirbt das Watt?" Oder: „Kippt es um?"

Die Antwort darauf ist: Weder noch. Zwar waren die schwarzen, stinkenden Flächen in der Tat die Folge eines massiven Organismensterbens. Doch dergleichen hat es schon immer gegeben, und die Gründe dafür sind in ganz natürlichen Abläufen zu suchen. Besonders heiße Sommer (nichts Seltenes mehr) führen stets zu einem explosiven Anwachsen der so genannten Biomasse im Watt, von der wiederum ein großer Teil den hohen Temperaturen (bis zu 50 °C) des sonnenbestrahlten Bodens zum Opfer fällt. Zersetzungsprodukte der toten Organismen führen dann, vereinfacht dargestellt, zu den bewussten Erscheinungen, insbesondere durch den Entzug von Sauerstoff aus dem Wattenboden. Winterstürme sorgen im allgemeinen für eine gute Durchmischung des Watts mit neuem Sauerstoff und schneller Gesundung. Bleiben die Stürme aus oder sind sie zu schwach, so treten die dunklen „Faulflecke" im Folgejahr vermehrt auf. Stellen sich jedoch wieder „normale" Wetterverhältnisse ein, wird im Watt auch alles wieder normal. Gründe für ökologische Beunruhigung bieten die schwarzen Flecke offenbar nicht.

gestoßen werden, um den Frevel in Grenzen zu halten – mit einem totalen Stopp ist ohnedies nicht zu rechnen. Nur der Verbraucher kann mithelfen – mit weniger Autos, Plasten und Elasten ist ein Anfang gemacht.

Norderneys Vogelwelt

Notwendiger Schutz

Schon im **19. Jahrhundert** war erkannt worden, dass Vögel eine ausgesprochen nützliche Rolle bei der Erhaltung der Inseln spielen. Sie verbreiten Pflanzensamen und düngen das Land, tragen also direkt zur Festigung der insularen Substanz bei. Zu einem frühen Zeitpunkt begann man deshalb bereits mit Schutzmaßnahmen für die Vogelwelt, die erstmalig im Verlauf ihrer Existenz unter zunehmenden Druck durch menschliches Walten geraten war.

Heute genießt das Federvieh weitgehenden Naturschutz. Auf Norderney werden 95 **Arten** von Brutvögeln gezählt, die Beobachtungsliste führt insgesamt über 250 Arten von Federwild auf.

Einzelne Vogelarten

- **Alpenstrandläufer:** Außerhalb ihrer Brutzeiten halten sich diese kleinen Piepmätze ständig im nahrungsreichen Watt der Insel auf, manchmal in Schwärmen von Tausenden von Exemplaren. Zwischen ihnen wuseln Strandläufer – ohne „Alpen", aber ansonsten sehr ähnlich – und „Knutts" herum, oft ebenfalls in großer Zahl.
- **Austernfischer:** Dieser langschnäblige und auffällige Charaktervogel ist überaus häufig auf Norderney. Die rund 900 Brutpaare werden im Herbst um über 20.000 Gastvögel ergänzt, die im Watt große Schwärme bilden. Austern werden dabei mangels Masse nicht geknackt, doch alle anderen Arten von Muscheln sind dem Austernfischer ebenso lieb, und die hohe Besucherzahl deutet auf ein reichliches Nahrungsreservoir.
- **Bartmeise:** Als Brutvogel kam die Bartmeise einstmals fast ausschließlich in den Niederlanden vor, von wo sie die radikale Landwirtschaft offenbar vertrieb. 1963 entdeckte der Biologe *Dr. Manfred Temme* diese Art auf Norderney, und seither sind Bartmeisen auf der Insel heimisch und gehen dort ihren Brutgeschäften nach.
- **Großer Brachvogel:** Dieser selten gewordene Moorbewohner brütet in feuchten Dünentälern und -grasgebieten.

Im Herbst erfolgt Zuzug aus dem Norden; dann halten sich etwa 3000 Exemplare nahrungssuchend im Norderneyer Watt auf.

● **Kiebitz:** Auf den Wiesen und Weiden der Insel finden sich viele Paare dieser hübschen schwarzweißen Vogelart – noch. Der deutsche Kiebitzbestand ist generell stark gefährdet. Schuld daran sind vor allem die Monokulturen in der Landwirtschaft und der Einsatz von Düngemitteln und Pestiziden.

Typisch für den Kiebitz ist außer seinem Ruf („Ki-witt") ein skurriles Verhalten, um Eindringlinge von seinem Gelege abzulenken. Der Vogel stellt dann die tollsten Kapriolen auf und flattert sogar scheinbar waidwund umher – alles

Immer Krach bei Familie Möwe

nur Mache. Man tue mit, wenn man versehentlich in ein Kiebitzrevier gerät, und lasse sich „hinausgeleiten".

- **Kormoran:** Dieser auch „Seerabe" genannte Vogel hat in den letzten Jahren, seit er unter Naturschutz gestellt und nicht mehr blindlings (sondern nur noch gezielt) abgeschossen wurde, ein bemerkenswertes Comeback erlebt. Lange galt er zur Freude des Fischereigewerbes als ausgerottet. Doch heute brüten bereits wieder mindestens 15.000 Paare in Deutschland, die meisten im Ostseebereich. Auch in den Seegebieten um Norderney ist der stattliche Vogel mit einer Flügelspannweite von bis zu 1,60 Meter

Der Fasan ist verlässlich vertreten

Immer was los am Strand

Feindbild Kormoran

Im ***Fernen Osten*** richtete man den ungemein geschickten Unterwasserjäger einst ab, um den Menschen bei der Fischjagd zu unterstützen, und beide lebten lange in gedeihlicher Symbiose. Das könnten sie - hier - auch heute noch.

Doch im Zeitalter der ***High-Tech-Fischzucht*** gibt sich natürlich niemand mehr mit solchen Kinkerlitzchen ab. Im Gegenteil. Norddeutsche Fischteicheigner lassen sich die durch den Kormoran verursachte „unsagbar schlimme Katastrophe" und das „unvorstellbare Gemetzel" - so der Deutsche Fischereiverband - satt vom Steuerzahler subventionieren.

Auch Germaniens ***Hobbyangler*** schreien Zeter und Mordio wegen der „unkontrollierten Massenvermehrung" des überwiegend wirtschaftlich wertlose Fischarten verzehrenden Vogels. Sie wären mit diesem Vokabular bei ihresgleichen an der besseren Adresse, denn der Angler werden immer mehr und der Vögel (aus natürlichen Gründen) eher wieder weniger. Aber da man sich selbst ja nicht zum Feindbild haben kann, müssen die 15.000 Seerabenpaare („der schwarze Tod" auf Anglerlatein) dafür herhalten.

Nur nichts teilen! Mit Symbiosen ist es halt nichts in einem Land, in dem sich selbst Mann und Frau des öfteren ohne wechselseitiges Verständnis gegenüberstehen. Oder wie wär's mit Kormoranfischen als touristischer Attraktion, an denen es laut Herrn *Schröders* Erkenntnis so mangelt?

des öfteren zu sehen, entweder als eckig fliegendes schwarzes Kreuz in der Luft oder als pfeilschneller Taucher an der Wasseroberfläche. Ein paar, bereits an den Menschen gewöhnt, schwimmen sogar auf den Teichen des Kurparks.
● **Lachmöwe:** Alljährlich brüten etwa 1000 Paare auf dem Ostland der Insel. Die Lachmöwe ist ein das ganze Jahr über regelmäßig anzutreffender Gastvogel. Der Name kommt übrigens nicht von Gelächter, sondern von Lache im Sinne von Pfütze. Gleich der Silbermöwe (s. u.) ist dieser Vogel so genannter Kulturfolger des Menschen gewor-

Auch die Schwalben sind da

Spiel mit den Möwen

den und nicht selten eher auf Müllhalden als in der Wattenwildnis anzutreffen.

- **Rotschenkel:** Nomen est omen bei diesem Brutvogel, einer besonders im Frühjahr auffällig rufenden und dadurch leicht zu beobachtenden Art.
- **Silbermöwe:** Diese schönen und eleganten Vögel treten scheinbar in Gestalt zweier verschiedener Arten auf. Der heranwachsende Jungvogel hat noch ein braungrau gesprenkeltes Gefieder, dunkle Augen und einen schwarzgrauen Schnabel. Erst die geschlechtsreifen Exemplare im Alter von über vier Jahren besitzen helle (unten weiße, oben blaugraue) Federn sowie gelbe Augen und Schnäbel. Typisch ist ein roter Schnabelfleck.

Die Silbermöwen haben sich im 20. Jahrhundert dermaßen vermehrt, dass sie zu einer förmlichen Plage geworden sind. Wie die Tauben im Binnenland hat man diese Seevögel auch schon als „fliegende Ratten“ geschmäht. Versuche, durch Einsammeln von Eiern der Plage Herr zu werden, erwiesen sich als nutzlos. Der Vogel legte einfach die doppelte Anzahl nach – und wurde dadurch doppelt so gefräßig. Kaum packt man am Strand sein Lunchpaket aus – schon ist die Silbermöwe da und verlangt ihren Anteil; notfalls schnappt sie sich ihn auch ohne Umstände. Die Ausbreitung der Silbermöwe geht auf Kosten anderer Vogelarten, vornehmlich der Seeschwalben – wer die eine füttert, trägt zum Verschwinden der anderen bei.

- **Sturmmöwe:** Der Silbermöwe weitgehend ähnlich, doch ohne roten Schnabelfleck.

Junge Silbermöwe

Süße Muckis

Zum Abschluss sei noch ein Wort zu den *Säugetieren* Norderneys gesagt. Außer ein wenig Rotwild vernachlässigbarer Zahl (und natürlich den Seehunden) handelt es sich dabei fast nur um ***Kaninchen.*** Schon mancher kindliche Inselgast hat bestimmt schon einmal: „Ein Mucki, wie süß!" ausgerufen, denn auf Norderney sieht man öfter mal ein solches hoppeln. Das in Südwesteuropa beheimatete *Oryctolagus cuniculus* wurde bereits um 1620 auf der Insel ausgesetzt, um den Landesherren als Jagdwild zu dienen. (Den Insulanern war die Jagd stets strengstens verboten.) Rund 30 Jahre später hatten sich die Nager bereits gewaltig vermehrt. Und heute sind es mehr denn je.

Eine Zeit lang sah es so aus, als wollte die ***Kaninchenkrankheit Myxomatose*** den Garaus der Nager einläuten. Die tückische Seuche lässt als erstes die Augen der Tiere verkleben, und bald darauf tritt dann der Tod ein. Die Folgen der Krankheit sind heute überall sichtbar. An den Wegrändern Norderneys liegen zahlreiche Kaninchenkadaver, von den Möwen ausgeweidet und vielfach schon zerfließend und zerfallend. Es sind Opfer der Myxomatose und nicht etwa, wie manchmal geargwöhnt wird, von Giftködern – obwohl für Maßnahmen von menschlicher Seite bestimmt einiger Anlass besteht.

Große Teile der auf 20.000 bis 80.000 Exemplare geschätzten Population sind nämlich resistent gegen die Seuche geworden, und die ***Vermehrung*** geht fröhlich weiter. Eine Bejagung findet statt, doch sie ist eher ein Tropfen auf den heißen Stein. Auch isst man die Kaninchen nicht mehr, wie in der „schlechten Zeit" nach dem 2. Weltkrieg, der unappetitlichen Krankheit wegen. (Die auf Menschen übrigens nicht übertragen wird – nicht einmal auf *Hasen!)*

Der ***Schaden in der Dünenstruktur und -vegetation,*** den die ewig mümmelnden Tiere anrichten, ist gewaltig. Insbesondere die Graue Düne, ein ehemaliges Natur-Eldorado, hat enorm unter der gefräßigen Karnickelflut leiden müssen und sieht heute eher saharisch als ökologisch gesund aus. „Süß" mögen sie zwar sein, die Muckis. Aber die von ihnen angerichteten Zerstörungen, darunter Tunnel von bis zu 12 m Länge, gehen nach Meinung von Naturschützern bereits an die Substanz der Insel, denn auch die Deiche sind zum Teil unterwühlt. Das Wort „Katastrophe" steht im Raum.

Halb so schlimm, wiegelt die ***Norderneyer Jägerschaft*** ab. Die Grünröcke, wie üblich im Clinch mit den Ökologen, bezeichnen die Nager sogar als Nützlinge, weil sie, wie auch immer, „die Artenvielfalt vergrößern". So wogt die Fehde unentschieden hin und her, und die Muckis wühlen derweil weiter. Vielleicht kommen sie eines Tages in China wieder zum Vorschein. Dort wüsste man jedenfalls, was man mit ihnen anzustellen hätte – man würde sie allesamt in die Pfanne hauen.

Norderney im Internet

Allein bei Google findet man über 800 000 Einträge zu Norderney. Das verwirrt mehr als dass es informiert. Deshalb seien hier nur die wichtigsten Adressen an dieser Stelle noch einmal zusammengefasst:

www.norderney.de/info@norderney.de
Detaillierte Informationen, Kurverwaltung, Urlaubsservice (Vorbestellungen)

www.reederei-frisia.de/info@reederei-frisia.de
Schiffsfahrpläne und -tarife

www.reederei-frisia.de/fln@reederei-frisia.de
Flugpläne und -tarife

ncservice@norderney.de
NorderneyCard-Servicestelle

zimmervermittlung@norderney.de
Unterkünfte auf der Insel

veranstaltungen@norderney.de
Veranstaltungsbüro

www.ferien-ahoy.de
Touristische Strukturen auf Norderney

info@reisebuero-ney.de
TUI-Reiseleitung, Schiffsausflüge

Anhang

Literaturhinweise

- *Amshoff, M. A.:* **Norderney – Briefe von einem Badeaufenthalt.** Staufenberg 1981. Neudruck eines niederländischen Originals von 1851 mit nostalgischen Einblicken in die damalige Zeit.
- *Busching, H., Luck, G.* und *Temme, M.:* **Wanderungen auf Norderney.** Flensburg 1972. Obwohl bejahrt, gibt dieses Büchlein weiterhin eine gute Vorstellung von Fauna und Flora der Insel.
- *Fleischer, M.:* **Fontane auf Norderney.** Norderney 1995. Die Eindrücke des großen Dichters auf der Insel sind höchst kurzweilig zu lesen.
- *Kimpel, H.* und *Werckmeister, J.:* **Die Strandburg. Ein versandetes Freizeitvergnügen.** Marburg 1995. 100 Jahre Burgenbau an Nord- und Ostseestrand. Leider in bitterernstem, „schwerfälligen Promotionsdeutsch" *(Der Spiegel)* statt vergnüglich geschrieben.
- *König, J.-G.:* **Norderney – Portrait einer Insel.** Fischerhude 1977. Eine gute und weitgehend komplette Zusammenfassung der Inselgeschichte, wenn auch in etwas gezwungen burschikosem Stil gehalten.
- *Lozán, J. L.* et al: **Warnsignale aus der Nordsee.** Berlin/Hamburg 1990. Wissenschaftlicher Text zur ökologischen Situation.
- *Reineck, H.-E.:* **Landschaftsgeschichte und Geologie Ostfrieslands.** Köln 1994. Ein „Exkursionsführer", aber recht fachchinesisch-drögen Stils.
- *Werner, J.:* **Nordseeküste 1.** Bielefeld 1988 (aktualisiert). Führer für Sportschiffer, den selbige unbedingt an Bord haben sollten.

Langfristige Sommerferienregelung

Bundesland	2007	2008
Baden-Württemberg	26.7.–7.9.	24.7.–6.9.
Bayern	30.7–10.9.	4.8.–15.9.
Berlin	12.7.–22.8.	16.7.–29.8.
Brandenburg	12.7.–22.8.	17.7.–30.8.
Bremen	19.7.–29.8.	10.7.–20.8.
Hamburg	12.7.–22.8.	17.7.–27.8.
Hessen	2.7.–10.8.	23.6.–1.8.
Mecklenburg-Vorpommern	16.7.–25.8.	21.7.–30.8.
Niedersachsen	19.7.–29.8.	10.7.–20.8.
Nordrhein-Westfalen	21.6.–1.8.	26.6.–8.8.
Rheinland-Pfalz	2.7.–10.8.	23.6.–1.8.
Saarland	9.7.–17.8.	30.6.–9.8.
Sachsen	23.7.–31.8.	14.7.–22.8.
Sachsen-Anhalt	19.7.–29.8.	10.7.–22.8.
Schleswig-Holstein	16.7.–25.8.	21.7.–30.8.
Thüringen	19.7.–29.8.	10.7.–20.8.

Bundesland	2009	2010
Baden-Württemberg	30.7.–12.9.	29.7.–10.9.
Bayern	3.8.–14.9.	2.8.–13.9.
Berlin	15.7.–28.8.	7.7.–21.8.
Brandenburg	16.7.–29.8.	8.7.–21.8.
Bremen	25.6.–5.8.	24.6.–4.8.
Hamburg	16.7.–26.8.	8.7.–18.8.
Hessen	13.7.–21.8.	5.7.–14.8.
Mecklenburg-Vorpommern	20.7.–29.8.	12.7.–21.8.
Niedersachsen	25.6.–5.8.	24.6.–4.8.
Nordrhein-Westfalen	2.7.–14.8.	15.7.–27.8.
Rheinland-Pfalz	31.7.–21.8.	5.7.–13.8.
Saarland	13.7.–22.8.	5.7.–14.8.
Sachsen	29.6.–7.8.	28.6.–6.8.
Sachsen-Anhalt	25.6.–5.8.	24.6.–4.8.
Schleswig-Holstein	20.7.–29.8.	12.7.–21.8.
Thüringen	25.6.–5.8.	24.6.–4.8.

OSTFRIESISCHE INSELN
0
25 km
N
Nordsee
OSTFRIESISCHE INS
LANGEOOG
NORDERNEY
BALTRUM
JUIST
BORKUM
Neßmersiel
Bensersiel
Dornum
Norddeich
Esens
Norden
Westerholt
70
210
Georgsheil
72
Aurich
Eemshaven
72
Ems
Emden
31
436
Appingedam
Bagband
Hesel
NIEDER-
LANDE
Dollart
530
72
Leer
Hoogezand-
Sappemeer
31
Scheemda
Folmhusen
Zuidbroek
Winschoten
Weener
438
Veendam
Ems
Strücklingen
Papenburg
70
72

Hörnum
Hörnum
St. Peter Ording
HELGOLAND
NEUWERK
E L N
WANGER-OOGE
SPIEKEROOG
Cuxhaven
Carolinensiel
Neu-harlingersiel
461
Wittmund
Jever
Wilhelms-haven
Weser
Bremer-haven
27
Schortens
Sande
Jadebusen
Nordenham
436
212
71
Zetel
437
Wiesmoor
Bockhorn
Varel
437
Rodenkirchen
29
75
28
211
Apen
Westerstede
27
Weser
Barßel
Bad Zwischenahn
74
Oldenburg
BREMEN
212
401
29
28
Delmenhorst

Register

Der Autor

Bereits 1955 war Roland Hanewald, Jg. '42, Deutschlands jüngster Rettungsschwimmer. Die Ratschläge, die er zum Thema „Sicherheit an der See" gibt, stammen deshalb aus bewährter Praxis. In Cuxhaven an der Nordsee geboren und an der Weser (Brake) aufgewachsen, dann über zwanzig Jahre zur See gefahren – dem Wasser ist der Autor nie lange fern gewesen und teilt gerne Heinrich Heine zu Anfang zitierten Eindruck, „nie einen besseren Umgang als die See gehabt zu haben". Viele Jahre verbrachte er auch im Inselstaat der Philippinen, bevor er sich, erneut in Küstennähe (Friesische Wehde), als freier Journalist und Schriftsteller niederließ.

Roland Hanewald hat über 60 Bücher geschrieben und ist überdies der Verfasser von mehr als 1000 Fotoreportagen, die in führenden Magazinen in bislang 42 Ländern erschienen sind.